O Amor e o Ódio na Vida do Professor

Passado e presente na Busca de Elos Perdidos

EDITORA AFILIADA

Dados Internacionais de Catalogação na Publicação (CIP)
(Câmara Brasileira do Livro, SP, Brasil)

Archangelo, Ana
 O amor e o ódio na vida do professor : passado e presente na busca de elos perdidos / Ana Archangelo. – 2. ed. – São Paulo : Cortez, 2011.

 Bibliografia.
 ISBN 978-85-249-1731-8

 1. Amor 2. Ódio 3. Professores – Atitudes 4. Professores – Conduta de vida 5. Professores – Formação 6. Professores – Psicologia I. Título.

11-04007 CDD-371.10019

Índices para catálogo sistemático:
1. Professores : Aspectos emocionais : Educação   371.10019

Ana Archangelo

O Amor e o Ódio na Vida do Professor
Passado e Presente na Busca de Elos Perdidos

2ª edição

O AMOR E O ÓDIO NA VIDA DO PROFESSOR: passado e presente na busca de elos perdidos
Ana Archangelo

Capa: DAC, sobre obra de Angel Alonso
Preparação de originais: Jaci Dantas
Revisão: Fernanda Magalhães
Composição: Linea Editora Ltda.
Coordenação editorial: Danilo A. Q. Morales

Nenhuma parte desta obra pode ser reproduzida ou duplicada sem autorização expressa da autora e do editor.

© 2004 by Autora

Direitos para esta edição
CORTEZ EDITORA
Rua Monte Alegre, 1074 – Perdizes
05014-001 – São Paulo – SP
Tel.: (11) 3864-0111 Fax: (11) 3864-4290
E-mail: cortez@cortezeditora.com.br
www.cortezeditora.com.br

Impresso no Brasil – junho de 2011

Sumário

Prefácio 7

CAPÍTULO I — A escola da perspectiva da emoção 11
  1. Escola: espaço de tensão 11
  2. Sobre as origens e a dinâmica do amor e do ódio que habitam a escola 15
  3. A escuta e as histórias sobre a escola 25
  4. Breve apresentação da escola e das professoras escolhidas 28

CAPÍTULO II — A voz das professoras 33
  1. Vitória por Vitória 33
  2. Dona Noemi por Dona Noemi 53
  3. Dona Maria por Dona Maria 65
  4. Dona Filomena por Dona Filomena 76

CAPÍTULO III — Algumas questões sobre a escola revisitadas 89
  1. Breve comentário sobre as entrevistas 89
  2. A escola no roteiro de uma história 90
  3. Da vocação à militância 98
  4. Professor quer ser amado 105

5. Alunos bons eram aqueles.. 109
6. Com essas condições não dá para fazer um bom trabalho.. 112
7. A relação escola — pais 118
8. Objetos da cultura: objetos de amor ou de ódio?...... 127
9. Do que se nutre a metodologia..................................... 131
10. Professor, passado e presente... 141

Considerações finais... 149

Referências bibliográficas 155

Prefácio

Tive o grande prazer de acompanhar as investigações de Ana Archangelo ao longo do seu percurso de mestrado e doutorado na Unicamp. E, por isso mesmo, a partir dessa convivência, posso expressar aos leitores deste livro o meu testemunho de terem sido, os dela, esforços muito sérios e competentes de pesquisa, gerando múltiplas contribuições para a reflexão que hoje vimos fazendo sobre a escola e o professor brasileiros.

Este livro nasce da tese de doutorado de Ana. Com muita coragem e ousadia teórica, ela se lançou à análise de aspectos "misteriosos" da vida de todos nós professores, como o amor, o ódio, o ressentimento, o sofrimento e coisas assim. Sabemos que as temos, sabemos que elas possuem uma influência imensa naquilo que somos e fazemos, sabemos que elas podem definir a qualidade do nosso trabalho no contexto das escolas, porém pouco sabemos sobre as suas origens primeiras e sobre os seus efeitos em nossa vida docente.

A obra é ousada porque Ana recolhe e analisa autores raramente adotados — e pouco estudados — nos cursos de pós-graduação em educação das universidades brasileiras. Essa análise é rigorosa e vigorosa, permitindo tirar das sombras alguns focos vitais da história e vida dos professores. Ao ler os densos parágrafos escritos pela autora, vamos compreendendo um pouco melhor aquelas motivações que nos conduzem a atitudes e a sentimentos complexos, enraizados na nossa existência enquanto professores.

Ninguém pode negar que no Brasil de hoje o professor é um ser ressentido e sofrido, convivendo continuamente com as dores oriundas da falta de condições para um trabalho consequente nas salas de aula. Oriundas de um vergonhoso salário. Oriundas de múltiplas funções que ele executa a fim de conseguir uma vida minimamente digna. Oriundas de uma perplexidade frente às vesgas políticas educacionais. Oriundas de uma expectativa de melhoria que nunca chega concretamente. Em verdade, o professor virou bode expiatório para todos os males da educação, todas as culpas da falta de aprendizagem dos estudantes — essa pecha lhe persegue o tempo todo, cegando a sociedade para o fato de que esses males resultam de outros condicionantes maiores, entre os quais o desgaste da aprendizagem escolar para uma vida melhor em sociedade.

Coisificado, porque desrespeitado, o professor passa a conviver mais intensamente com o ódio diante das agruras cotidianas que tem que enfrentar, muitas vezes sem antever uma possibilidade de transformação, para melhor, de sua situação de trabalhador explorado, mal-amado, desgostado e oprimido. Então, o que acontece dentro de si? Qual o sentimento prevalecente e como se deve entender a gênese do mesmo? Para onde se dirigem as suas frustrações? Como enfrentar o mosaico de ressentimentos que correm por dentro da sua mente? Estas são algumas das questões que orientam a reflexão de Ana neste livro. Para mim, as respostas a tais questões são fundamentais para uma compreensão inteligente sobre a vida dos professores brasileiros, independentemente de nível ou escola onde atuam.

Coloco esta obra como leitura obrigatória em todos os cursos de formação básica e continuada de professores. Não só porque eu sinta orgulho de ter acompanhado a sua produção enquanto uma tese de doutorado, mas sim porque somente compreenderemos a razão de ser das coisas deste mundo quando formos capazes de, em primeiro lugar, lermos a nós mesmos, lermos a complexidade dos nossos sentimentos, entendermos um pouco dos porquês sobre como somos do jeito que somos e, a partir daí, entrarmos em conflito com os mecanismos que nos impedem de conviver mais intensamente com o amor, o prazer e a felicidade.

E fica uma recomendação: penetre pausadamente os meandros dos capítulos para se enxergar mais afetivamente enquanto gente, enquanto um ser humano encarregado de ensinar e amar outros seres humanos. Gente, ser humano, antes de receber o atributo social de professor. Seguindo esse caminho, tenho a certeza de que o objetivo do livro terá sido plenamente cumprido.

Ezequiel Theodoro da Silva
Campinas, julho de 2004.

Capítulo I
A escola da perspectiva da emoção

1. Escola: espaço de tensão

A coloração afetiva do ambiente escolar nunca foi tão evidente, pois a escola é hoje, sem dúvida, um espaço tenso. O ser-professor, que se concretiza neste contexto, tem, em momentos de tensão, seu teste mais difícil, porque tende a apoiar-se em processos mais regredidos. Por essa razão, a relação amor-ódio converte-se em objeto de preocupação de quem procura entender o que se passa na escola, pois é essa relação que rege inúmeras atitudes e formas de pensar dos sujeitos que ali se encontram.

É bem verdade que mecanismos sociais, econômicos e políticos têm sido justificativa aceita para o clima tenso existente na escola e apontam a desvalorização e o aniquilamento progressivos do professor como causa essencial deste problema. Entretanto, estes mecanismos são vivenciados por sujeitos dotados de afetividade, dotados de uma forma específica de enfrentar desafios e adversidades, de uma certa capacidade de compreensão, de elaboração, um certo envolvimento com as questões da profissão e da vida. Tais mecanismos sofrem a resistência de um ser que interage, que constrói um sentido para as situações vividas, transformando-se e transformando-as. Diante disso, aspectos macroestruturais são recriados e ressignificados na dinâmica, em parte inconsciente, do sujeito que sofre seu impacto.

Em outras palavras, pode-se dizer que a instituição-escola, assim como qualquer outra, é regida por suas finalidades socialmente delimitadas e amplamente difundidas, mas não apenas por elas. Os sujeitos que concretizam a instituição através de seu trabalho possuem mecanismos destinados a compatibilizar as demandas institucionais com suas demandas próprias, internas, e em muitos casos inconscientes. Isso significa que o objetivo conhecido da instituição não é o único a atuar e delimitar o que é feito, dito, ou sentido no interior da escola. Para além do que é explicitado, há um universo implícito, muitas vezes não verbal, que age nas entranhas da instituição, podendo lhe dar vida ou levá-la à morte.

Daí a importância da discussão sobre a participação do inconsciente no conhecimento produzido no âmbito da consciência. As pessoas que fazem parte da instituição são diferentes entre si, e carregam para esse espaço de interação tais diferenças. Para a instituição convergem os diferentes interesses profissionais, as habilidades individuais, os posicionamentos políticos, entre tantas outras diferenças. E para lá convergem também diferentes mundos mentais.

Mecanismos inconscientes participam ativamente do processo em que ansiedades e defesas, bem como fantasias e desejos ganham a palavra e são tomados como realidade objetiva. Isso significa que o falar e o fazer estão intimamente relacionados a aspectos profundos do sujeito e não podem ser interpretados exceto na relação com estes. Entre a "realidade da fantasia" e a realidade factual, o que há é um sujeito que necessita dar conta de demandas internas e externas, demandas do desejo e demandas sociais. A construção de sua história de vida, de sua biografia, vai ocorrendo nas mediações e sobretudo nos processos de metabolização do momento histórico para a história individual.

Para interpretar a história de vida de um sujeito, portanto, é necessário estar atento ao que se manifesta e ao que se esconde, uma vez que o discurso e a ação são sempre defensivos, contra o risco de desorganização e angústia. E esta interpretação deve levar em conta que a dinâmica própria do psiquismo humano só se efetiva na composição de um sujeito com seu grupo social, seja ele o familiar, seja ele o institucional mais amplo. Desta forma, tanto o grupo ao qual pertence é elemento essencial para a compreensão do psiquismo do sujeito, quanto os mecanismos próprios de tal psiquismo ajudam a revelar a natureza da atuação desse sujeito no grupo social. Este complexo processo de constituição, sem sombra de dúvidas, articula o sujeito do desejo e do inconsciente com o sujeito histórico-social.

Para Muldworf (1994), este é um sistema complexo. Se pudesse ser expresso graficamente, teria linhas verticais e horizontais entrecruzando-se. No plano horizontal, estariam os pais do sujeito e todos os seus colaterais (família, amigos, grupos e todas as instituições às quais pertence); no vertical, novamente seus pais, os pais de seus pais, os pais dos pais de seus pais, e assim por diante. Na intersecção, estaria o sujeito que condensa nele o momento histórico, tornado presente no plano horizontal, e as histórias familiares que delinearam seu espaço psíquico inicial e continuam a agir nele na tentativa de mantê-lo nesse mesmo lugar, presentes nesta linha vertical.

Esse espaço psíquico que nos é "oferecido" pela família é resultante do Complexo de Édipo[1], processo através do qual os desejos inconscientes de nossos pais estabelecem a que deman-

---

1. Conjunto organizado de desejos amorosos e hostis que a criança sente em relação aos pais. Sob a sua forma dita positiva, o complexo apresenta-se como na história de Édipo-Rei: desejo da morte do rival que é a personagem do mesmo sexo e desejo sexual pela personagem do sexo oposto. (...) O complexo de Édipo desempenha papel fundamental na estruturação da personalidade e na orientação do desejo humano. (Laplanche e Pontalis, 1992, p. 77)

das devemos responder e de que forma. Para além de nossos aspectos inconscientes próprios, constitucionais, por assim dizer, somos herdeiros do inconsciente de nossos pais. Herdamos perdas, herdamos o fracasso das antigas gerações. A perda da completude presente no interior do útero, que vivenciamos ao nascer, é acompanhada por uma tentativa de nossos pais em supri-la. Ou seja, para além da falta em si, presente em cada um como condição humana, enfrentamos precocemente uma falta residual, se assim pode ser chamada, que constituiu o fracasso de nossos pais em relação à ilusão de poder preenchê-la. Portanto, nascemos na ilusão de sermos e termos tudo que os pais não puderam ter ou ser.

Nascemos, portanto, com uma dívida a pagar, e o sujeito, ao longo da vida, investirá suas forças psíquicas na tentativa de solução desse dilema. Essas forças podem ser tanto criativas quanto destrutivas, amorosas ou hostis, e serão mais ou menos investidas, dependendo, entre outras coisas, do contexto institucional em que se encontra o sujeito.

Uma das forças criativas que busca alternativas para demandas nem sempre confluentes é o imaginário. Ele permite a harmonização dessas demandas, muitas vezes ao custo da produção de uma ilusão que se constitui como verdade e que não apenas comporta expectativas do sujeito ou grupo que a criou como reorienta sua atuação.

Castoriadis (1982, p. 156) afirma que o imaginário é

> algo "inventado" em todas as suas partes ou enquanto um deslocamento[2] de sentido, onde símbolos já disponíveis são

---

2. O deslocamento é um fenômeno que tem como pressuposto a possibilidade de separação entre uma representação e o afeto ligado a ela, e a união deste afeto a representações outras, muito menos intensas. Ou seja, energias investidas em determinadas representações podem deslocar-se livremente, por processos associativos, chegando a ligar-se a outras representações que originariamente não estavam investidas delas. Assim se forma um sintoma, por exemplo. Uma angústia ligada a fantasias inconscientes pode deslizar para a representação de um outro objeto qualquer, inicialmente des-

investidos de outra significação que não suas significações "normais" (...).

Ou seja, o imaginário se separa do real, pretendendo ou não se colocar em seu lugar. Como se pode perceber, não apenas o real determina o imaginário, mas o inverso também é verdadeiro.

2. Sobre as origens e a dinâmica do amor e do ódio que habitam a escola

Amor e ódio parecem ser aspectos basilares na construção das relações humanas. São constitutivos de todo ser humano e originados na íntima relação entre realidade interna e externa. Além disso, marcam de forma inevitável nossas escolhas, nossas impressões e avaliações sobre o mundo e as pessoas. E, no caso da escola, não é diferente. Por estas razões, pensar a metodologia de ensino de um professor, sua relação com sua antiga escola, com seus antigos professores ou alunos, significa pensar em um cruzamento entre o mundo do qual pôde se apoderar o sujeito e sua capacidade de lidar com suas pulsões de vida e de morte[3], na complexa relação com aquilo que o mundo pôde lhe oferecer.

Um de nossos grandes problemas, e uma das razões de nossa complexidade, é que, em muitas situações de nossas vidas, convivemos com pulsões conflitantes, as quais nos impelem para direções também conflitantes, quando não opostas. Em

---

provido de energia intensa ou significativa, e associar-se a ela: um cachorro pode herdar o afeto ou energia ligada a fantasias sexuais ameaçadoras e se tornar o objeto do medo de uma pessoa. (Laplanche e Pontalis, 1992)

3. Pulsões de vida e de morte, também conhecidas por Eros e Tanatus, são duas grandes categorias de pulsões, que abrangem, respectivamente, as pulsões sexuais e de conservação, de um lado, e as que tendem para a redução das tensões e para o estado inorgânico, de outro. Segundo Laplanche e Pontalis (1992), as pulsões de morte seriam *inicialmente voltadas para o interior e tendendo à autodestruição, (...) e seriam secundariamente dirigidas para o exterior, manifestando-se então sob a forma da pulsão de agressão ou de destruição.* (p. 407-8)

algumas situações, as tensões exigem formas de satisfação não complementares ou perigosas.

E como seria identificado este perigo? Através do ego, segundo Freud. Esta instância psíquica, mediadora entre as reivindicações do id e as exigências da realidade e do superego, está a serviço de mecanismos defensivos, não necessariamente acessíveis à consciência, acionados diante de sinais de angústia, ou melhor, de uma ameaça sentida. Quanto mais forte o ego, maior o atendimento dos interesses da totalidade da pessoa; quanto mais frágil, maior a necessidade de utilização de mecanismos defensivos regredidos.

Neste processo, há uma força psíquica que agrupa e separa as pulsões, destinando algumas para a satisfação e outras, em princípio, para a sua repressão e privação. Como não há, para Freud, pulsão previamente destinada a um objeto ou a uma meta, mesmo aquelas privadas da satisfação no primeiro momento podem (e são) satisfeitas por caminhos indiretos e substitutos. Conforme apontam Laplanche e Pontalis (1992, p. 395),

> como o objeto é variável, contingente, (...) só é escolhido sob a sua forma definitiva em função das vicissitudes da história do sujeito.

Esse aspecto é fundamental, pois desta perspectiva pode se supor a participação das pulsões no entendimento de questões propriamente sociais e presentes. Ou seja, as pulsões, que se expressam a partir do nascimento e que estabelecem os traços e tendências do psiquismo, não têm metas definitivas, mas contingentes, que são escolhidas ao longo da vida, influenciadas pela história.

Contudo, a satisfação indireta ou substituta traz sempre consigo um problema: ao mesmo tempo em que propicia o prazer do escoamento da tensão, sinaliza um perigo, aquele que exigiu o remanejamento da meta original da pulsão. Ao mesmo tempo em que se cria a satisfação substituta, mantém-se ali um certo desprazer pela transformação da repressão em prazer.

Pouco a pouco, com o fortalecimento do ego, o sujeito é capaz de vivenciar experiências mentais que apontam caminhos diferentes de satisfação. Mesmo assim, nem toda a energia é ligada a essas experiências, sendo escoada por caminhos menos estáveis, como os de deslocamento e condensação[4].

Daí decorre que amor e ódio, ternura e agressividade, pulsões de vida e de morte continuam a fazer parte da vida do sujeito independentemente de processos de pensamento que os direcionem para formas mais integradas de manifestação.

Klein (1991), em seu artigo *Inveja e Gratidão*, de 1957, traz uma valiosa contribuição para a compreensão da dinâmica dos impulsos que permeiam os sentimentos de amor e ódio, gratidão e inveja, e que estariam no cerne de toda a vida emocional do indivíduo.

Para esta autora, os impulsos têm base constitucional em dois sentidos: o primeiro, na sua existência; o segundo, em sua intensidade. De acordo com Klein, todos nascemos com a capacidade para amar e com impulsos destrutivos, acompanhados de uma ansiedade persecutória. Esta é suscitada pelo nascimento, mas advinda da oposição entre os momentos agradáveis e desagradáveis no interior do útero. Esses aspectos constitucionais, entretanto, não são os únicos determinantes da vida emocional do bebê e do indivíduo, pois seu psiquismo será estruturado na íntima relação entre estes impulsos e o primeiro objeto externo, que é a mãe, a qual também tem sua vida emocional a definir suas reações frente aos impulsos de seu filho.

---

4. A condensação é também um mecanismo de funcionamento do inconsciente. É um outro modo de formação de sintomas, e foi evidenciado nos sonhos. É o processo pelo qual uma representação qualquer, que pode estar relacionada a diversas cadeias associativas, é investida de toda a energia inicialmente vinculada a estas cadeias. Ou seja, por deslocamento, as energias se encontram maciçamente em uma *representação-encruzilhada* que passa a ter uma vivacidade especial. O processo de condensação pode ter como *representação-encruzilhada* uma imagem — como nos sonhos, ou a palavra — como no chiste, no lapso, no esquecimento etc., o que traz à tona, especialmente no caso do esquecimento, o problema da recordação das histórias e experiências vividas. (Laplanche e Pontalis, 1992)

A importância em enfatizar o aspecto constitucional da existência do impulso destrutivo e de sua intensidade apresenta-se na medida em que esse dado coloca em outras bases a influência que um sujeito tem sobre o outro, impedindo a sua pura e ingênua idealização, assim como a total descrença nela. Citando Klein (1991, p. 211),

> ... a capacidade tanto para o amor quanto para impulsos destrutivos é, até certo ponto, constitucional, embora varie individualmente em intensidade e interaja, desde o início, com as condições externas.

O bebê, portanto, vai se ligar ao mundo a partir e através dos impulsos e da ansiedade com os quais está instrumentalizado. Ocorre que tais impulsos serão destinados ao mesmo objeto originário, que é o seio materno. Este é o primeiro objeto a ser internalizado, e todo o desenvolvimento posterior dependerá das bases em que esse processo se dá, ou seja, dependerá de como convivem os impulsos que permitem ao bebê ora identificar e lidar com um seio fonte de nutrição e saciedade, ora com um seio fonte de frustração. Se o bebê é capaz de ver restaurada a perda da unidade intrauterina através da relação com o seio que nutre, terá possibilidades de acreditar no amor materno, na capacidade de ter, mesmo que não ininterruptamente, as fontes de prazer associadas à possibilidade de receber da mãe aquilo que lhe salva da ameaça externa (sentida com a fome, por exemplo), ou das próprias ameaças internas, vindas dos impulsos destrutivos e de sua ansiedade persecutória. Esse seio é vivido como algo muito mais amplo que o nutridor no seu sentido estrito: a nutrição é um representante simbólico do amor e da criatividade materna, criatividade que se traduz nas diferentes formas de atendimento às necessidades do bebê.

Mas a relação com o seio materno não se resume a identificar nele um seio bom; o conflito entre os impulsos de amor e ódio permanecem no bebê e introduzem uma grande dificuldade nesse processo. A inveja, fruto dos impulsos destrutivos e, portanto, parte constitutiva do sujeito desde o nascimento, dificulta a introjeção desse seio bom. As privações pelas quais passa ao esperar a gratificação, que não é mais ininterrupta como no útero, são sentidas como se o seio tivesse guardado para si a fonte de gratificação. Daí a primeira manifestação de inveja, que é

> ... o sentimento raivoso de que outra pessoa possui e desfruta algo desejável — sendo o impulso invejoso o de tirar este algo ou de estragá-lo (Klein, 1991, p. 212).

Além de tirar ou estragar algo desejável de que o outro desfruta, a inveja deseja depositar maldade nesse outro. Por essa razão, a inveja tem um caráter projetivo, o que significa dizer que partes desconhecidas ou recusadas de si (em geral, as más) são destinadas para dentro do outro, com o intuito da destruição. Esta é uma das formas de deslocamento, em que a intensidade de uma representação desliza para outra inicialmente com uma carga ou interesse irrelevante. Através desse processo, o objeto interno desprezado, colocado para fora de si, pode ser não apenas afastado, mas localizado e transformado em depositário da angústia.

É isso o que o bebê faz com o seio materno. Ao se ver desprovido dele e frustrado, procura destruí-lo, em última análise, em sua capacidade criativa. A inveja parece estar associada a um objeto-modelo que desperta a "cobiça" justamente por parecer ideal. Isso não é verdade. Ou não toda a verdade. Como a inveja *brota de dentro*, segundo Klein, está presente mesmo quando o bebê é inadequadamente amamentado. A privação por que passa é vivida como se o seio estivesse guardando para si tudo de bom que o leite e contato materno representam. Nas situações em que a amamentação flui fartamente e o bebê se vê gratificado, a inveja vem como resposta a um *dom inatingível*. O que se pode concluir é que a ansiedade persecutória e os impulsos destrutivos estão inevitavelmente presentes e a gratificação plena não existe, mesmo sendo esta a intenção da mãe. Aliás, a tentativa indiscriminada de suprir as necessidades do bebê só vem incrementar sua ansiedade, seja pelo aumento da inveja, seja pela dificuldade de sua manifestação, imposta ao bebê. Sentir que pode encontrar formas de escoar sua ansiedade por intermédio do choro, por exemplo, enfrentando a frustração, é fundamental para a adaptação ao mundo externo e para o pleno desenvolvimento da vida emocional. Portanto, a vivência de um conflito e a tentativa de sua superação são elementos necessários para o desenvolvimento da criatividade. O importante é que os impulsos destrutivos e a ansiedade persecutória não suplantem a capacidade de amar e a sensação de satisfação advinda do chamado seio bom.

A inveja, além de destinar o impulso destrutivo para o objeto invejado, quando excessiva, gera a culpa, pois o ataque invejoso originário, direcionado ao seio nutridor, é visto como capaz de estragar a bondade da qual o invejoso, de certa maneira, usufruiu. Para que a culpa tenha uma intensidade suportável, é necessário que o objeto bom tenha sido internalizado com relativo sucesso, instrumentalizando o ego infantil para o enfrentamento desse sentimento transitório.

Quando a culpa sentida é tolerada, o bebê pode vivenciar a ansiedade e, com isso, fortalecer ainda mais o ego, permitindo a construção de defesas mais integradas, com um caráter menos projetivo e mais reparatório. Todavia, o ego presente nesse período da vida ainda é muito frágil. Quando a culpa é superior à capacidade de enfrentá-la, passará a ser sentida como perseguição e o objeto relacionado a ela parecerá, aos olhos do sujeito, o perseguidor. Nesse jogo de forças, é fundamental que inveja e culpa não predominem sobre a pulsão de vida, pois é a capacidade de amar que plenifica a satisfação que, por sua vez, cria a capacidade de sentir gratidão pelo objeto bom.

> Um dos principais derivados da capacidade de amar é o sentimento de gratidão. A gratidão é essencial à construção da relação com o objeto bom e é também o fundamento da apreciação do

> que há de bom nos outros e em si mesmo. E (...) uma criança com uma forte capacidade de amor e gratidão tem uma relação profundamente enraizada com um objeto bom e pode suportar, sem ficar profundamente danificada, estados temporários de inveja, ódio e ressentimento que surgem mesmo em crianças que são amadas e recebem bons cuidados maternos. (Klein, 1991, p. 219)

É da gratidão e da confiança no objeto bom, internamente construídas e assimiladas, que nasce a generosidade. Esta se traduz na capacidade de compartilhar com outros *os dons do objeto*. A generosidade exige, portanto, um longo processo em que se enfrentem impulsos destrutivos e de amor; em que a inveja possa ser vivenciada temporariamente, mas não com uma intensidade e extensão capazes de aniquilar os aspectos bons introjetados. Da permanência do objeto bom, nasce a gratidão; desta, a capacidade de confiar nos aspectos bons do objeto e de si próprio; e por fim, dessa riqueza interna, a capacidade de compartilhar sem sentir a ameaça de aniquilamento.

Depois da cisão inicial através da qual o bebê se torna capaz de internalizar o objeto bom, em grande parte por ter exilado dele seus aspectos negativos, há um outro período de desenvolvimento psíquico. Nele o objeto deverá ganhar uma unidade maior, sendo dotado de seus aspectos nutridores e frustradores. Isso exige do bebê um *insight* sobre a origem das maldades atribuídas inicialmente ao objeto, ou seja, nessa fase, o bebê deverá fazer voltar para si a própria maldade, os próprios aspectos destrutivos anteriormente destinados ao objeto através de mecanismos projetivos como a inveja.

Esse período é de intenso sofrimento para o bebê, mas ao mesmo tempo, de intenso alívio; afinal, o objeto não é tão ruim, nem tão frágil e vulnerável aos ataques, nem tão perseguidor quanto parecia, o que desencadeia uma maior confiança nele e, portanto, uma esperança maior com relação aos objetos em geral e ao próprio sujeito.

A entrada na chamada *posição depressiva*, descrita acima, é fundamental para que o bebê integre seus sentimentos de amor e ódio e conquiste seu sentimento de segurança a partir dessa integração (e não mais através de mecanismos de cisão e desintegração). É fundamental também para a estabilidade psíquica e para o desenvolvimento da capacidade simbólica, que resulta na apropriação da linguagem. Entretanto, Klein (1991) nos alerta:

> Ao descrever a superação da posição depressiva, ligada a maior confiança no objeto bom interno, não pretendo dar a impressão de que tais resultados não possam ser temporariamente desfeitos. Uma *tensão*, de natureza interna ou *externa*, é capaz de provocar depressão e desconfiança tanto do self como do objeto. (Grifo meu). (p. 228)

Ou

> ... sob pressão de *fontes externas* ou internas, até mesmo pessoas bem integradas podem ser levadas a processos de cisão mais intensos, embora isso possa ser uma fase passageira. (Grifo meu). (p. 266)

Portanto, os mecanismos de cisão e integração responsáveis pela organização do aparelho psíquico não são exclusivamente individuais nem descolados das eventuais pressões e tensões típicas de um tempo.

Tais aspectos são relevantes quando se pretende entender os imperativos de uma realidade escolar que aflige seus usuários e participantes. Não se trata de depositar nas questões individuais a angústia deflagrada em contextos socialmente produzidos. Entretanto, é importante ressaltar que são sujeitos que sofrem o impacto destes contextos e, como sujeitos, fazem uso dos próprios mecanismos defensivos para enfrentá-los.

Isto significa que a inveja primitiva, assim como a gratidão, atuantes na vida adulta, determinam as formas de o sujeito se relacionar com aquilo que lhe é oferecido ou privado pelo mundo[5].

---

5. Isso ocorre mediante processos transferenciais, os quais, em linhas gerais, são aqueles através dos quais, inconscientemente, o sujeito repete seus modelos infantis de

Através do mecanismo da transferência, as relações estabelecidas ao longo da vida do sujeito são, em certa medida, uma reedição dos afetos e modelos de relação constitutivos. Daí depreende-se que o entendimento das relações com o primeiro objeto elucida algumas questões postas em relações atuais, assim como estas elucidam o passado do sujeito.

A qualidade da internalização do primeiro objeto, juntamente com as situações de vida (internas ou externas) em que são abrandadas ou acirradas as ansiedades persecutórias, faz com que o sujeito mantenha ou perca o seu objeto bom ou seus substitutos. Quanto mais drasticamente essa perda for sentida, maior será o uso de defesas primitivas como a cisão e a desintegração. E como se viu, a violência e a dramaticidade das tensões externas serão mensuradas pelo sujeito na correlação destas com suas tensões vivenciadas com os primeiros objetos.

Mas as experiências com o primeiro objeto também podem ser ressignificadas através de experiências posteriores. Um novo relacionamento, como o presente na relação professor-aluno, pode constituir-se como uma nova oportunidade de contato com um objeto bom. À parte todos os processos arcaicos vividos pelo bebê e todas as dificuldades advindas daí, a vida ulterior pode se tornar uma nova fonte de estímulo para os sentimentos de amor.

A vida escolar, como um dileto substituto da família, e a professora, como a mais forte substituta da mãe, têm, portanto, papel fundamental na configuração do sujeito psíquico e do sujeito capaz de se inserir em seu grupo, transformando-o e

---

relação nas relações atuais. Freud (1981), em seu artigo *A dinâmica da transferência*, de 1912, afirma que apenas parte dos impulsos eróticos infantis realiza uma evolução psíquica. Esta parte é a que se volta para a realidade. A parte não desenvolvida permanece no inconsciente sob a forma de fantasia. Essas necessidades eróticas não satisfeitas e, portanto, inconscientes, serão destinadas para um novo objeto, capaz de fazer valer tais necessidades. Portanto, as relações libidinosas vividas em um passado remoto do sujeito (e que não permitiram a evolução de parte de seus impulsos), serão repetidas, dando um sentido de atualidade e de realidade aos impulsos inconscientes.

transformando-se. Considerando-se este referencial, as relações estabelecidas na escola podem ser compreendidas a partir dos conceitos de generosidade e de criatividade. Ambos, segundo Klein, têm suas origens na intensidade constitucional das pulsões de vida e de morte, na qualidade da introjeção do objeto bom e na intensidade da inveja construídos na relação estabelecida com a mãe.

A escola é o local onde se pretende compartilhar com as novas gerações todo o acervo cultural em seu sentido mais amplo. É da generosidade que deve nascer a busca criativa pela metodologia de ensino mais adequada. Essa é a mola propulsora de um trabalho verdadeiramente educativo. Mas não necessariamente é o que acontece. A metodologia pode estar a serviço da inveja, como uma forma de destruição de parte do que o outro representa, ou a serviço da culpa despertada pela inveja e de seus desdobramentos. Ou ainda, a criatividade necessária para a elaboração das formas de ensinar pode ser substituída por um consumo indiscriminado de modismos pedagógicos que embotam a capacidade criadora. Como um seio excessivamente supridor que, ao se impor descontroladamente, não apenas incrementa a inveja (pelo dom supostamente inatingível) como impede a sua manifestação e a busca criativa de alternativas.

Como se vê, a inter-relação interno/externo é instrumento necessário para que se compreenda a realidade da escola. Sem ela, pode-se incorrer numa prática de culpabilização de esferas sociais ou individuais sem a devida compreensão da dinâmica que se estabelece e perdura, não mais por responsabilidade de um dos polos. Quero dizer com isso que o que vemos como cenário da Educação, no passado e no presente, é resultado de um jogo de tensões que encontram necessariamente eco nos sujeitos de um determinado tempo.

Vitória, Dona Maria, Dona Filomena e Dona Noemi, as professoras do passado e do presente, com suas histórias sobre a escola, seus sonhos, dificuldades e paixões, representam ricamente esta complexidade.

3. A escuta e as histórias sobre a escola

Para se pensar a instituição e as pessoas que fazem parte dela, a escuta é uma ferramenta fundamental. Ela deve ser de uma natureza tal que procure abarcar os aspectos individuais e sociais em um todo que só ganha sentido quando analisado a partir das duas perspectivas e na interpretação da interação entre elas. Nesse tipo de escuta, está pressuposto que o lugar ocupado pelo sujeito, a partir do qual será estruturado seu psiquismo é, simultaneamente, um lugar delineado por seus próprios impulsos, pelo psiquismo de seus pais e pelas instituições e grupos sociais aos quais pertence. As instituições, por sua vez, como já abordado anteriormente, estruturam-se a partir das finalidades socialmente atribuídas e das demandas psíquicas dos sujeitos que as compõem.

Neste tipo de abordagem, portanto, qualquer instância deve ser considerada uma totalidade, e o importante passa a ser a integração desta com outras totalidades produzidas em outros níveis, e não a sua redução. Esta noção de complexidade incorpora múltiplos níveis de análise e a impossibilidade de isolar um nível em detrimento de outros. Por estes fatores, há que se recuperar o esforço da relação dialógica entre subjetividade e objetividade, indivíduo e sociedade.

A temática do amor e do ódio dentro da escola, abordada através dos relatos das professoras, é feita, portanto, considerando-se a aceitação destes diferentes níveis de realidade — o individual, o do grupo e o da organização, e a aceitação de diferentes modos de expressão — a racional, a emotiva, a simbólica e a imaginária. Histórias pessoais, histórias da escola e histórias de duas gerações produzem-se e determinam-se mutuamente. Buscar compreender a história de um professor é também buscar em que medida seu psiquismo sofreu o impacto de sua inserção na escola e até que ponto também a produziu.

As histórias narradas, com suas lembranças e esquecimentos, trazem a tradução da luta entre a impregnação de uma vivência relevante e a resistência que a faz ser afastada da memória. Desta forma, os elementos lembrados são pouco ou nada relevantes para a compreensão do enredo vivido no passado se não forem interpretados à luz daquilo que foi esquecido. Os espaços vagos do esquecimento são lugares privilegiados para a interpretação do que é dito, pois o inconsciente é comunicado através deles.

Na linguagem, o conteúdo vivido é remodelado e esse processo de ressignificação e reordenação caracterizaria a lembrança como fantasia, como produto tanto de uma realidade psíquica quanto de uma realidade factual.

O convite para o leitor deste livro é o de um mergulho na memória de algumas professoras: no lembrado e no esquecido, que configuram esse jogo entre a "realidade da fantasia" e a "realidade factual", que concretizam o esforço consciente e inconsciente de harmonização das demandas da vida pessoal com as demandas profissionais.

A primeira delas, Vitória, é uma professora que se encontrava no exercício da profissão, enfrentando os desafios do fazer, quando esse trabalho teve início. As memórias de Dona Maria, Dona Noemi e Dona Filomena vêm em seguida. Elas foram professoras que marcaram a vida escolar de Vitória quando ela ainda era uma menina. Professoras que já não exercem mais a tarefa que foi assumida pela ex-aluna. Memórias distintas que, no entanto, se entrecruzam, dando significado umas às outras.

Do dizer do atual professor, ressurgem passagens de sua vida em que o outro se torna presente — um outro localizado e também falante. Da fala do antigo professor, histórias não contadas, avaliações reformuladas, passagens não percebidas por uma aluna ainda criança. Da leitura destes textos, ocorre a possibilidade de interação desses sujeitos com outro falante — o leitor.

Estas narrativas do passado e do presente foram recuperadas por intermédio de entrevistas não estruturadas que foram gravadas e transcritas. Como o significado da oralidade não se dá apenas nas palavras e termos pronunciados, mas também num conjunto de fatores que constroem um contexto e um clima emocional não traduzidos nas transcrições das falas, os relatos foram organizados para preservá-los. Para que eles não se tornassem uma criação independente do entrevistado, este foi chamado a revisar seu depoimento sob forma escrita.

Por esta razão, os relatos encontrados neste livro são resultado de diversas etapas: a primeira, de transcrição das gravações; a segunda, de leitura e correção realizadas tanto pelas entrevistadas quanto por mim; a terceira, de produção de um relato construído também por mim, procurando sintetizar o material, mantendo as palavras das entrevistadas e as nuanças das entrevistas; a quarta e última etapa, de nova leitura, correção e aprovação do texto final realizada pelas entrevistadas.

O maior desafio deste processo foi fazer com que as autoras daquelas histórias marcantes, cheias de vida e complexidade se reconhecessem na versão escrita em que o tom de voz, os silêncios e os movimentos desapareceram.

Dona Maria, Vitória e Dona Noemi têm esses nomes por escolha pessoal. Apenas Dona Filomena, que não quis nenhum contato além do estabelecido para a entrevista, teve o nome escolhido por mim. Para preservá-las, e para que suas histórias pudessem ser a história de muitos professores, em muitos lugares, não apenas seus nomes foram trocados, como também todos os dados que pudessem identificá-las, inclusive aqueles relativos ao município e à escola em que trabalharam.

4. Breve apresentação da escola e das professoras escolhidas

Todas as professoras que participam deste livro deram aula na EEPSG Prof. Cláudio Ribeiro, herdeira da primeira instituição escolar de Candeias, fundada em 1920, três anos após a fundação da Vila Gomes que, em 1921, tornava-se município, e em 1923, comarca de Candeias.

De escola isolada, juntamente com outras duas criadas nesse período, a escola atualmente conhecida por Cláudio Ribeiro transformou-se nas "Escolas Reunidas" e, mais tarde, já em 1925, no "Primeiro Grupo Escolar". Em 1938, o Grupo Escolar passa a ocupar o prédio construído especialmente para abrigá-lo no centro da cidade, atrás da catedral, onde se mantém até hoje.

Apenas em 1950, o "Primeiro Grupo Escolar" passa a se chamar "Grupo Escolar Prof. Cláudio Ribeiro", em homenagem a um de seus ex-diretores, falecido no ano anterior. Na década de 1980, transforma-se em "EEPSG Cláudio Ribeiro". No final da década de 1990, quando a pesquisa que dá origem a esse livro é realizada, a escola atende alunos de 5ª série[6] do Ensino Fundamental ao 3º ano do Ensino Médio.

Como herdeira da primeira escola do município, o Cláudio Ribeiro conta com uma história reverenciada até hoje; afinal, aqueles que tiveram acesso à escola, no passado, necessariamente o frequentaram. Normalistas formadas nos grandes centros, muitas delas filhas de coronéis, estiveram entre as professoras desta escola. Com essa história, a escola faz parte do imaginário dos habitantes de Candeias e, especialmente, das professoras que contam suas histórias neste livro.

Os depoimentos tiveram como estímulo inicial a disponibilidade e o desejo das professoras de narrar suas histórias de vida, seus sonhos, as lembranças de sua profissão. A partir daí,

---
6. Atual 6º ano.

e com o consentimento delas, a análise foi centralizada na presença e na dinâmica do amor e do ódio na escola.

Vitória é uma pessoa muito simpática e sorridente. Apesar das risadas fartas, em nosso primeiro encontro conheci uma mulher sofrida, sensibilizada, vulnerável. Havia se aposentado há pouco e as lembranças de momentos recentes faziam-na chorar. Uma mistura de sentimentos parecia tomar conta dela: dever cumprido, insegurança com relação ao futuro, frustração por um fim de carreira melancólico e desesperançoso. Mágoa e ressentimento pareciam ser os sentimentos básicos neste primeiro contato.

Foram várias horas de conversa e o que me impressionou em primeiro lugar foi a articulação política de seu relato. Esta era a tinta mais carregada em seu discurso e se pudesse eleger a palavra mais enfática de seu vocabulário, certamente seria *resistência*. Em segundo lugar, e em estreita vinculação com o primeiro, a forma de falar sobre os colegas. Apesar de sua capacidade crítica, era incapaz de citar algum deles sem antes contextualizar atitudes que pudessem parecer descompromissadas. Tinha críticas que jamais explicitava.

Segundo ela, sempre que pôde, escolheu a 5ª série para dar aulas: **a gente é alguém na 5ª série**. Este reconhecimento, esta capacidade de acolhimento dessa turma parecia ser muito importante para ela.

Vitória é solteira e frequentemente se referiu a esta situação, sempre relacionando-a a questões de trabalho, de salário, de seu vínculo com a escola.

Outra característica marcante era o vínculo que Vitória demonstrava ter com suas antigas professoras: chás, encontros mensais... Um contato regular, por assim dizer. Deste dado inusitado veio uma das mais importantes revelações: Vitória era filha de Dona Noemi, antiga professora do Cláudio Ribeiro. Todas as suas professoras no antigo primário foram colegas de sua mãe, muitas, amigas até hoje.

Dona Noemi é uma senhora de 73 anos, de voz grave, pausada, que ordena frases belíssimas, com um bom português que já não se ouve mais. Está acostumada a contar suas histórias para os jovens que frequentam sua chácara, onde ela mantém um acampamento. Contar suas histórias parece significar uma missão; como foi uma missão o magistério ou o filho com problemas de audição que a tornou capaz de aceitar em suas classes as crianças indesejadas por outros professores. É muito religiosa e se refere à sala de aula sempre como um espaço de formação dos valores fundamentais.

Dona Noemi fez várias referências a suas enormes dificuldades em matemática. Ensinava esta disciplina sempre no primeiro horário para aproveitar sua melhor energia e a dos alunos e preparava, com a maior antecedência, o conteúdo. Sem saber o destino da maioria de seus alunos, orgulhava-se de saber que uma ex-aluna é hoje professora de matemática na universidade. Por uma coincidência incrível, descobri ter sido aluna de um ex-aluno seu em outro município, também na disciplina de matemática.

Dona Noemi parece acreditar que o valor de seu trabalho foi aparecendo muito adiante, não enquanto esteve sendo realizado.

Dona Maria foi muito receptiva desde o primeiro contato por telefone. Vitória tinha adiantado o assunto e ela não hesitou em marcar nosso encontro para o mesmo dia do telefonema.

Entusiasmada, não parou em nenhum momento de nossa conversa. Foi buscar lanche, refrigerante, caderno de planejamento, artigos de jornal, tudo que pudesse me agradar e informar sobre suas grandes realizações na escola primária: a biblioteca infantil e o planejamento. Com limitações na visão, o que motivou sua segunda aposentadoria, não se intimidava ao utilizar uma lente de aumento para fazer a leitura daqueles documentos que julgava importantes para o bom andamento de nossa conversa.

Dona Maria não é de Candeias; estudou fora, trouxe um conhecimento valorizado por ser do centro. Eterna relação centro/periferia.

Parece não se lembrar das dificuldades em realizar seu trabalho, apesar de ter dado aulas em escolas distantes, aonde tinha que ir a pé, caminhando por duas horas, ou quando ajudava a descarregar o caminhão de tijolos que passava dando carona. Prefere falar da volta do trabalho, quando, cheia de presentes dos alunos, ia deixando pelo caminho os cachos de bananas com bilhetinhos para que os moradores não imaginassem que fossem feitiço: **Podem comer sossegado. É da professora que não aguentou levar até Candeias.**

Dona Maria também não se intimidou com a conversa. Sabia sobre o que falar. Muitas de suas lembranças me remeteram não ao passado, mas ao presente. Muito de sua prática pode ser identificada com um discurso considerado atual.

Seus alunos parecem ter sido escolhidos entre os melhores da escola e seu trabalho parece ter sido o tempo todo o de brincar com eles, como se nada tivesse sido difícil. Divertida, referiu-se a um ex-aluno que, já adulto, lembrou-se dos "croques" recebidos dela. Indagada sobre problemas na profissão, a resposta foi uma grande risada: **Dissabores, dificuldades, tristezas, se eu enfrentei, já esqueci.**

Dona Filomena é uma senhora de 80 anos. Paulistana, formou-se no Caetano de Campos e se aventurou nas escolas isoladas do interior, por volta de 1940-41. Em 1999, em seu apartamento em Santo André, recebeu-me para uma conversa, após um telefonema breve em que expliquei a ela a importância de seu depoimento.

Apesar de solícita, o que me impressionou no primeiro contato foi seu olhar de pessoa brava, muito brava. Logo pensei em Vitória. As pessoas idosas tendem a ficar com uma expressão mais condescendente, menos severa. A contar pela expressão de Dona Filomena, Vitória enfrentara realmente uma fera logo no início de sua vida escolar. Mas sua receptividade era verdadeira, apesar de suas dúvidas quanto ao conteúdo de meu interesse.

No transcorrer da conversa, vários aspectos me chamaram a atenção. O primeiro deles diz respeito à dificuldade em centrar seu depoimento na escola. Os relatos dos assuntos de sua vida não se vinculavam às experiências vividas por 25 anos como professora.

Outro aspecto foi a ênfase dada a uma tríade interessante: seu salário, a aprovação maciça de seus alunos, e o fato de nunca ter gostado de dar aula. Segundo Dona Filomena, ela gostava mesmo era do dinheiro, mas sabia que este só viria através de seu trabalho. Por isso sua motivação encerrou-se assim que vislumbrou a primeira oportunidade de ganhar sem trabalhar, ou seja, tão logo quanto possível, fez seus cálculos para a aposentadoria.

Dona Filomena não se recorda das crianças nem da cidade onde lecionou. Indagada sobre algum caso especial de ex-alunos seus, disse não se lembrar e nem querer se lembrar. Da cidade na qual viveu aproximadamente 30 anos, disse não ter saudades. Sobre a revisão de seu depoimento para possíveis correções, afirmou não ter interesse em fazê-la, que eu fizesse bom uso dele. Seus vínculos afetivos me pareceram distantes, até certo ponto desprezíveis para ela. Ao lado de um objeto, parece relacionar-se com ele de forma bastante pragmática; longe, parece romper definitivamente com ele.

Capítulo II
A voz das professoras

1. Vitória por Vitória

Nossa primeira conversa

O que mudou da escola que eu estudei pra escola de agora é que havia o respeito pelo professor, nós também éramos muito valorizados. Nós tínhamos muito ideal, queríamos mudar o mundo. Embora a carreira de professora desse *status*, o professor sempre foi um trabalhador, nunca foi rico. Mas ele era respeitado na comunidade e tinha uma vida digna. Por exemplo, o patrimônio que os meus pais têm hoje — um sítio, duas casas — não foi nada que eu ajudei. O que eu vou ter, vai ser porque eles conseguiram. Logo que eu ingressei, a gente ainda ganhava bem, mas foi ficando ruim, ruim, e hoje é essa batalha mesmo. Imagina se eu ia conseguir comprar um sítio, como os meus pais conseguiram, com salário de professor. De jeito nenhum! A vida da gente foi ficando cada vez mais difícil.

Mas eu acho que quis ser professora porque a minha mãe era professora, ganhava bem, era respeitada, tinha férias todos os anos. Férias de verdade, não para pegar um terço das férias para cobrir o cheque especial, coisa que eu tenho feito faz muito tempo. A gente viajava, ia pra praia, ia pro Nordeste.

Eu quis ser professora também porque tive bons professores. Meus professores do I. E., (Instituto de Educação Flávio Carvalho), também eram professores muito bem preparados, muito idealistas e que sempre me passaram a idéia de que ser professor era muito bom. Nós estudamos numa escola que era do aluno, não como esse chavão mentiroso que existe agora; a escola era do aluno mesmo; não pra ele fazer o que quer; não pra ele não ter limites. Ela era pro aluno participar, pro aluno se sentir da escola. Agora, nós respeitávamos a hierarquia. Lógico, rabisco em banheiros sempre existiu, mas depredação, não.

Uma coisa que não tinha e que hoje tem, é a propaganda contra professor, o governo fazendo a propaganda na televisão contra o professor. Sabe, eu vou citar um exemplo: a minha diretora foi vaiada um dia porque faltou água na escola e não deu pra fazer merenda. Quando ela foi ao pátio explicar que não tinha merenda porque não havia água, a molecada no pátio vaiou a diretora. Isso me doeu muito, e eu comecei a conversar com os meus alunos sobre o por quê. Então, eles disseram: "Professora, na propaganda diz: 'tem que ter aula, tem que ter merenda'". É o cunho que o Estado está dando para as coisas.

Quando o governo mandou os kits pras escolas, os kits pedagógicos com a parabólica, a TV, o vídeo, algumas escolas ficaram só com parte do material. A nossa tinha sido escola-padrão e por já ter recebido muito investimento, ficou um tempo sem a televisão grande. Então, tinha aluno perguntando "cadê a televisãozona, porque lá na propaganda tinha falado que 'se a televisão não chegou na sua escola, tem que procurar não sei em que lugar'".

Isso me dói porque desde que entrei, com dezoito anos, eu procurei competência. Não era aquela professora novinha que acha que é incompetente; eu era topetuda. Um dia, uma professora, amiga nossa, colega da minha mãe, foi achar de fazer gracinha com os meus alunos, quando eu substituía uma professora. Eu defendi meus alunos. Achei que ela não gostou e disse pra ela que eu era tão professora quanto ela; que pra isso eu tinha me capacitado. Nesse ponto, eu sempre tive muito espírito de profissional; não era professora pra esperar marido.

Mas hoje o dia-a-dia da sala de aula se tornou extremamente desgastante pra nós, parece que a gente se violenta o tempo inteiro. Em 70% da minha carreira, eu senti prazer no que fazia; só que depois dessa deliberação não sei das quantas aí, essa deliberação em que você tem que pedir pelo amor de Deus pra repetir o aluno, a situação piorou muito. Eu nunca fui de reprovar muito aluno. Mas depois disso, mesmo quando o aluno está reprovado em um monte de matéria, ele entra com recurso; aí vem a supervisora fazer a vistoria. Então, ela vai achar pêlo em ovo, pra poder aprovar. Antes, existia uma autonomia muito grande para o professor; o professor punha a marca que era dele.

Eu desobedeci muito. Mas o professor mais velho às vezes entra no esquema porque quer paz de espírito. Eu nunca entrei, nunca deixei que me tirassem a autonomia dentro da sala de aula. Ali era o meu jeito, como eu achava que funcionava; não abaixava muito a cabeça, não aceitava muita interferência.

Acho que a gente precisa resistir. A escola está autoritária; a escola tem um monte de papéis. E a burocracia é característica do autoritarismo. Quanto mais autoritário é um sistema, mais burocrático ele se torna. E a escola está ficando assim, está medindo até a respiração.

E eu vou agora puxar a brasa pra minha sardinha, pois eu acho que a essência ainda existe, e é desses professores mais velhos, pois nós tivemos uma educação pra ser professores.

Agora, também não vou falar que não tenha professor extremamente autoritário. Na minha época existia professor que dava a nota pela cara, professor que não se relacionava de forma alguma com aluno; existia professor que deixava por um décimo. Mas só que isso daí representava 10, 15% dos professores.

Hoje, esse tipo de professor partiu pra indiferença. Mas o aluno precisa ser muito bobo pra não se defender. Porque a coisa está tão doida que até o próprio colega (do professor) orienta o aluno a entrar com recurso contra o colega.

Eu sinto que a escola ficou morna; os professores estão num marasmo total. Porque é duro ficar de pé e mão amarrados o tempo inteiro; pressão por tudo que é lado. Eu até agora não sei como é que não tem professor tendo enfarte, porque é pressão por cima de pressão. Sabe, a escola, hoje, é uma panela de pressão!

O professor que é envolvido, hoje está malquisto. Ele incomoda. Incomoda porque fica pondo o dedo na ferida, incomoda aquele indiferente que cansou de apanhar, aquele de quem não faz parte da índole resistir. Talvez até não tenha tido formação pra resistir. Os que incomodam são os mais velhos, da década de 60, que tiveram esse tipo de educação pra não se conformar, pra lutar por uma escola pública melhor. O que eu ouço do povo mais novo, de vez em quando, de um mais novinho, é o seguinte: "Pô, como eu queria ser como você. Você fala, mesmo". E eu digo pra ele: "Ué, gente, mas é ser profissional, não é questão de idade; você precisa aprender. Eu também aprendi com os mais velhos. Olha, eu estou saindo, eu estou saindo" — eu falava. "Alguém tem que continuar a minha luta".

Falta compromisso, falta resistência. Quem gosta, resiste; quem gosta, luta. Muitos hoje falam: "Eu estou aqui de passagem". "Eu estou pra me ajudar nos estudos".

A escola está no caos, mas não é por causa do aluno; o aluno está sendo a vítima, igual ao professor. É o adulto que está errando. Hoje o diretor ouve tudo e dá puxão de orelha no professor. A palavra do aluno é a que vale.

Eu gosto deles, nunca xinguei, nunca chamei de burro. Meus alunos sempre tiveram consciência de que minhas brigas eram para o bem deles. Eles falam assim: "Às vezes, a senhora briga porque a gente merece". Agora, existem abusos, porque muitas vezes eles mentem, falam pro diretor que o professor disse coisas que não disse. Muitas vezes falam a verdade, mas muitas vezes eles mentem, mesmo. Hoje o adulto é desautorizado.

Outro dia aconteceu um caso: uma menina falou que estava apanhando muito da mãe. Eu pedi pra ver a marca, porque agora até isso nós temos que olhar. Levei o caso pra direção, que levou o caso pra Assistência Social, porque a menina já tinha vindo se matricular com o mandado judicial. Quando eu pedi pra ver marca, não tinha. A menina fantasia as coisas.

Numa outra ocasião, vi marca num moleque que o pai deu uma cintada. Eu perguntei: "Amado, o seu pai te bate muito?". "Ah, professora, ele perdeu a paciência aquele dia porque eu fiz arte". A mulher tinha morrido há pouco tempo. Meu Jesus, eu vou denunciar aquele homem que está pondo pão na mesa pro filho? O filho entendeu. Eu vou denunciar esse homem? Esse homem também está judiado; esse homem também está infeliz. Você imagina esse pai também..., criando o filho sem a mãe.

Estou dando aula num curso de alfabetização de adultos voluntariamente, duas vezes por semana; é muito gostoso porque eu estou resgatando aquela professorinha que eu era e eu estou descobrindo, de novo, que eu tenho muita paciência, que eu gosto de ensinar. Só que o ambiente estava hostil. Além de ensinar, você tinha que ficar educando aquilo que é de base; porque eu tenho que educar, sim, mas o pai e a mãe têm que educar lá na casinha deles; e se eles não têm condição disso, e nós sabemos que não têm, então a escola tem que ver um outro jeito. A escola, quando recebe pai o tempo inteiro feito "casa da sogra", não ensina esse pai a respeitar a escola. O resultado é que o diretor conversa mais com pai de aluno e com aluno que faz coisa errada do que com o professor. Não sobra tempo.

No aspecto material, a escola melhorou muito. Muita coisa está boa, mas não está sendo valorizado porque não há funcionário para utilizar os equipamentos. Antes, na escola, eu fazia o meu serviço, e eu sabia que o outro serviço estava sendo feito também; só que hoje você vê uma secretaria com pouquíssimos funcionários, em época de informatização. Não adianta mandar computador, se não tiver funcionário suficiente e se não capacitar essas pessoas.

Eu dei aula 14 anos, lá em São Paulo. Oito anos só em uma escola; escola de periferia. Eu dei aula na Caetano de Campos. Dei aula no Martins Francisco. Era a elite que estava na Caetano. Agora, no Martins Francisco, era a classe média. Aí, eu fui parar na periferia de São Paulo, na EEPSG Eulália Silva, na Vila Remo, subdistrito de Santo Amaro. Eu acho que lá é que eu aprendi a ser professora. Porque quando você lida com aluno bem nutrido, é fácil; aluno bom, vai sozinho, não precisa de você. Agora, o gostoso mesmo é você pegar aquela pessoa que precisa de você. Ali eu era meio faz tudo; ajudava a preparar formatura, ajudava a preparar o culto ecumênico, preparava as músicas com eles.

Por sempre ajudar a organizar a formatura, eles nunca me escolhiam. Eu sempre fui professora valorizada, mas depois de não estar mais com eles. No ano em que eu fui embora, preparei toda a festa, mas mesmo assim eles me escolheram e a diretora deixou. Ah, mas foi uma choradeira, eu não conseguia falar. Eu não esqueço do vexame que eu dei. Eu chorando, aluno chorando.

O Fernando Pessoa fala que "Sempre vale a pena se a alma não é pequena". O professor tem que, em primeiro lugar, saber o que quer. A vocação é importante, muito importante. E saber pra que ele está na sala de aula, pra que ele está na escola, que papel que ele ocupa no mundo, na comunidade, na sala de aula. Se ele perder a dimensão disso, ele se perde, principalmente agora. Mas, se ele tiver essa dimensão, acho que ainda dá pra arranjar um jeitinho. Eu tenho muitos colegas que ainda não abriram mão da essência deles. E estão aí na luta. E eu acho que tem 30% aí que vai continuar a nossa luta, se Deus quiser. Vamos ver. Que a mudança não venha só em termos materiais, que venha em termos essenciais também.

Nosso segundo encontro

O Cláudio Ribeiro da minha infância era um Cláudio Ribeiro calmo, tranqüilo, muito tranqüilo. Existiam, sim, professores autoritários; aquele autoritarismo muito ruim. Eu mesma tive uma professora assim. Ela não mora mais aqui. Essa professora foi muito autoritária. Tem hora que eu fico pensando que ela tinha implicância pelo fato de eu ser protestante. Ela caçoava do fato de eu ser protestante. Às vezes, acontecia de eu não fazer uma lição, por exemplo. Aí, na segunda-feira, vinha a bronca: "Por que você não fez a lição?" Criança é sincera. Eu falava: 'Ah, eu fui na Igreja'. "Primeiro a obrigação, depois a devoção". Ela vivia falando isso, ou, então, dando um toque: "Garanto que foi na Igreja."

Ela era amiga da minha família, mas era extremamente preconceituosa. Ela não mora aqui, mas não me deixou saudades.

Entrei com 6 anos de idade na escola porque eu, filha mais velha de uma professora, chorava quando minha mãe saía para o trabalho. A escola pra mim era um sonho. Dona Eny me aceitou como ouvinte porque não podia matricular com essa idade.

O que existia no Cláudio Ribeiro é que o aluno sabia que ia pra escola pra estudar. Os pais esperavam que a escola transmitisse conhecimento pros seus filhos. Hoje nós estamos sendo roubados no direito de exercício da nossa profissão, tanto pelas circunstâncias quanto pelos pais que não estão nos auxiliando. Sabe, os pais estão sendo permissivos, omissos. E os nossos superiores também. Há uma pressão populista muito grande. O aluno está fazendo coisa errada, mas o professor é sempre suspeito. Isso não existia naquele Cláudio Ribeiro.

Por um outro lado, existiam dificuldades grandes pro outro aluno. A merenda era pras pessoas da caixa escolar, e isso quer dizer que as pessoas eram rotuladas. Agora, nós descobrimos que é importante para o desenvolvimento da criança, para a inteligência, não existir subnutrição. E por isso há a merenda. Só que as crinças jogam merenda, não valorizam.

A lembrança que eu tenho sobre a diferença entre os amigos é muito vaga, mas eu tenho certeza de uma coisa: que as crianças mais pobres, aquelas da caixa, não estavam entre os melhores. Eles eram crianças que tinham tarefas em casa; tinham que ajudar a mãe. Tem um exemplo na minha família mesmo, de uns primos meus, muito pobres, filhos da irmã do meu pai. Eu me lembro que eles repetiam muito. Hoje eu entendo o porquê.

Minha mãe deu aula pra muito aluno pobre. Não eram muitos porque eles não tinham acesso à escola. Aliás, isso era muito triste na escola daquela época, porque não era livre o acesso; não era automático o acesso da 4ª pra 5ª série, tinha esse funil, que era um tipo de vestibular: era o concurso de admissão. O funil era a seleção dos mais aptos; estes pegavam os melhores períodos. O melhor sempre foi o da manhã; os alunos bem classificados iam pegando o período da manhã; depois o da tarde e, por último, o da noite. E tinha gente da 4ª série do primário que ficava de fora. Não tinha vaga pra todo mundo. Se ele não tivesse dinheiro pra pagar uma escola particular, parava o estudo.

Eu sempre lutei pelos direitos do meu aluno. Eu era aquela galinha choca de brigar com o diretor; de ir lá na Delegacia de Ensino. Mas eu quero que ele tenha dever também.

O Cláudio Ribeiro do meu tempo era um espaço da gente. Sempre tinha a fala do diretor, mas tinha também apresentações de números preparados por nós, alunos. Hoje se está ensinando a "Lei do Gérson" pro aluno; a lei do só pra mim; toma lá, dá cá; do eu não tenho que contribuir com nada; eu tenho que receber tudo. Os professores que não estão envolvidos estão ensinando isso para os alunos. Mas eu acho que não é por maldade, o não-envolvimento.

De quatro professoras que eu tive, uma foi extremamente autoritária; as outras, honestamente falando, eu não lembro disso. Elas davam bronca na gente quando havia as crianças levadas. Mas a gente respeitava; e não era temor. Elas exigiam respeito. Mas, em contra-partida, davam carinho pra gente.

Essa professora autoritária esfregou o meu nariz na lousa uma vez; e eu não era aluna ruim, não. Fez isso porque eu não acertei o exercício. Ela puxava a orelha, dava reguada. Existia isso naquela época. Não era errado. Mas eu acho que isso não está certo. Nunca fiz isso. Dou umas broncas neles, mas nunca fiz isso. E a minha mãe sempre falou pra mim que não era pra eu fazer isso.

Diziam que essa minha antiga professora era ótima, só que eu não conseguia aprender com ela. Depois do que ela fez comigo, ocorreu um bloqueio em mim e eu não consegui mais aprender com ela. Isso foi na segunda série. Minha tia, que também era professora, me levava então pra casa da minha avó e me ensinava o que eu não conseguia aprender com a professora.

Foi muito ruim essa passagem. Essa professora não me deixou saudades. Mas falar das outras professoras e indicá-las para estas entrevistas foi uma oportunidade muito boa de retribuir o carinho com que elas me trataram.

E havia carinho também por parte dos pais. Se eu chegasse em casa reclamando de professor pra minha mãe, eu ouvia a minha mãe falar assim: "O professor tem toda a razão. Pro bom aluno não tem mau professor". Foi o que ela aprendeu com minha avó.

Minhas antigas professoras são pessoas extremamente doces. Quando dona Eny conversa comigo, dá impressão que está conversando com aquela menininha. Pra ela tudo era motivo de festa. Dona Odete sempre foi alegre, politizada. Nós temos posições contrárias, mas respeito muito o fato de estar sempre por dentro de tudo, de ler jornal. As duas tiveram uma formação muito boa e por isso sabiam o que fazer em classe. Exigiam muita leitura, tinham uma rotina que não era massacrante, era pro desenvolvimento da gente. Nós líamos muitas fábulas com lição de moral e isso foi formando o nosso caráter.

Com a Dona Odete, já na 3ª série, e com Dona Irma, na 4ª, aprendi como se chegava na tabuada. Não era uma coisa decoreba; eu entendia mesmo.

Pra elas, eu acho que a gente nunca cresce, sabe. Elas ainda vêem a gente daquele jeito e, ao mesmo tempo, ficam orgulhosas pelo fato de sermos professores. Ainda não contei pra elas que eu me aposentei...

Hoje, conversando com a Dona Odete, conversando com a Dona Irma, a gente vê que elas também não obedeciam tudo certinho como vinha lá de cima. Elas não eram cordeiros, não. Ser bom professor, na minha cabeça, é ter bom senso, é saber separar o que é bom e o que é modismo.

A inteligência emocional está me cheirando a bitola, ao enquadramento. Qual o perfil do bom trabalhador? É esse trabalhador que questiona, é esse trabalhador que quer lutar e que resiste ou é o trabalhador bem comportado? Me cheira que esse cara está pregando o trabalhador bem comportado. Parece que a Ciência está meio imatura. É tudo tão rápido que eu tenho preocupação com os rumos que as coisas possam tomar.

Atualmente, eu recrimino muito os meus colegas; acho que muitos deles são permissivos, muito permissivos. Eles caíram nessa permissividade porque eles se viram meio impotentes. Além disso, existe aquele jogo que alguns pais fazem, de querer ser o amiguinho do filho. Isso também existe entre a gente: o professor quer ser querido. Digo muito isso pros meus alunos: "Eu não estou aqui pra ser popular. Se eu quisesse ser popular, eu ia ser a Xuxa. Eu estou aqui pra ensinar vocês". Uma coisa que os meus alunos falavam muito é que eles morrem de estudar pra minha prova. Uma crítica que colegas faziam muito pra mim, é que eu vivia dando murro em ponta de faca. E eu acho que vivi isso mesmo, mas se foi em vão, mais tarde a gente vai saber. Eu não ligo se não vai dar resultado. Mas eu estou brigando. Eu não cansei nunca de brigar, eu não me curvei. Eu sempre fui muito verdadeira no que eu fazia; embora eu esteja muito decepcionada, muito magoada, muito triste em relação a tudo que está acontecendo na educação, eu ainda acredito nela. Eu tive essa educação, tanto da minha mãe, do meu pai, quanto dos meus professores.

Quando eu morei em São Paulo, dei aula em uma escola particular. Essa escola era composta de alunos pobres e de alunos que não tinham dado certo na escola pública, ou seja, filhinhos de papai que iam lá pra passar. Acontece que eu reprovava; eu não me curvava. Quando chegava a hora das reuniões, o diretor dizia: "Gente, o que que nós podemos fazer com a evasão e com a repetência?" E descia a lenha; o grande culpado sempre era o professor; o professor era o bode expiatório de tudo. Ele era culpado porque o aluno não queria estudar; ele era culpado porque o aluno, coitado, trabalhava o dia inteiro, depois ia estudar e não tinha disposição; resumindo: ele era culpado de tudo. Eu olhava aquelas pessoas de cabelo branco, aceitando tudo aquilo, sem se defender; me dava uma tristeza.

Eu não aceitava, era topetuda. Ele me agüentou 3 anos e pouco e me mandou embora.

Quando eu fui mandada embora, eu disse adeus à escola particular pra nunca mais voltar, porque eu nunca mais queria me submeter a sermão de diretor culpando a gente pela repetência, pela evasão. E essa é minha tristeza, ver que isso acontece agora na escola pública. O governo não está preocupado em diminuir a nossa carga horária, nem em melhorar as condições de trabalho; quer desovar os alunos culpando o professor pela evasão e pela repetência. As orientações técnicas que nós tínhamos, valha-me Deus, eu estava me recusando a ir pra não ouvir puxão de orelha de gente que, na minha opinião, não sabia tão mais que eu. Ir lá pra ouvir sermão; ir lá pra ouvir puxão de orelha era um desgaste, um estresse, uma ansiedade. Virou castigo. Cansamos de pedir pra alguém ir lá pra ensinar alguma técnica. Mas não, era papel em cima de papel.

Por isso tudo eu não concorri a uma vaga de coordenadora no Cláudio Ribeiro: eu não quero ser capataz de professor. O coordenador virou capataz de professor. Ele é um mero transmissor de ordens. Virou um rato de papel.

Eu gosto mesmo é de dar aula, especialmente na 5ª série, porque a gente é alguém na 5ª série; eles ainda têm pela gente um carinho muito grande, um respeito muito grande; eles te acham o máximo. Eles te questionam, sim, mas com muito carinho; às vezes, te cobram até chorando, se você comete uma injustiça. O único lugar que a gente ainda é respeitado é na 5ª... e na 6ª série.

Eu sinto que meus alunos gostam das minhas aulas porque eles vibram, eles participam. Não consigo dar aula do mesmo jeito porque eu mesma enjôo da minha aula. Por isso a minha aula é bagunçada; na hora que é pra ficar quieto, é pra ficar quieto, mas eles trabalham muito em grupo; eu não dou cópia. Um dia me deu uma tristeza... Eu andava passando muito nervoso, muita raiva, e eu passei por uma sala em que os alunos estavam quietinhos, copiando. Eu cheguei e falei pra minha mãe: "Droga! Eu acho que vou começar a dar aula de cópia. Aula de cópia que é bom, a professora não tem calo nas cordas vocais; não se indispõe com pais de aluno; não leva puxão de orelha do diretor, não tem bagunça". Agora, a minha aula tem dramatização, tem muita música que tem a ver com o assunto de história, eles cantam muito...

Com tudo isso, o objetivo maior que eu consegui foi despertar o aluno pro direito que ele tem de exercer a cidadania dele. Eu escolhi ser professora de História também por isso, porque eu presenciei uma época difícil, e eu queria que alunos meus não votassem por cabresto. Eu acho que consegui passar também pra eles que educação é direito de todos; é um dever do Estado e nós temos que lutar por isso.

Penso que eles conseguiram aprender isso comigo, porque na hora do aperto, quando acontecia alguma medida autoritária por parte do diretor ou de algum professor, eles sempre corriam pra mim. Uma coisa é incrível, apesar de ser essa pessoa procurada, nunca fui escolhida para conselheira de classe. Eu sempre perdia. Acho que é porque eu sou muito exigente e não fico tapando os olhinhos deles. No Cláudio Ribeiro, o sistema de escolha de professores era muito democrático, o que eu questiono, porque alguns professores ficavam com duas classes de conselheiro e um professor mais enérgico não era escolhido.

De qualquer forma, acho que a minha sanidade eu consegui manter por causa do meu ideal. Sabe aquele negócio de fechar a porta e deixar os problemas do lado de fora? Dentro da sala eu faço como eu quero; não há autoritarismo que vá me impedir; não há pacote; não há secretário da educação; não há bilhetinho de supervisor, de delegado, ordem oficial que vá me impedir. Na classe eu vou exercer o meu direito de ser professora, vou exercer a minha cidadania e eu vou ensinar isso pros meus alunos. Tudo isso aliado ao conteúdo. Eu acho que me aposentei ainda curtindo o que estava fazendo... detestando malcriação, detestando falta de respeito. De repente tinha um que te faltava o respeito, mas eram muitos os que respeitavam. Às vezes, até o mesmo aluno, te desrespeitava e em seguida fazia alguma coisa linda. Como eu disse, não é a criança que está errada, é o adulto.

A escola está um ambiente insalubre, muito ruim... Estão fazendo tudo para destruir a cada momento o seu ideal. Mas eu me recusei a enterrar os meus sonhos na escola em que aprendi a sonhar. Eu briguei muito por eles e isso me deu força. O ambiente da escola criado artificialmente pelos nossos superiores está destruindo o ideal da gente. E o que é mais triste: está fazendo tudo para destruir a identidade da gente. Por isso eu fazia as minhas greves.

Uma coisa boa que aconteceu e que eu não tive a oportunidade de curtir foi a sala ambiente. Eu morro de tristeza porque me aposentei sem curtir uma sala ambiente. Fui voto vencido na hora da escola optar ou não por ela. E eu acabei defendendo a posição dos meus colegas, porque, de repente, a sala ambiente veio por pacote e o professor, já tão resistente, ficou desconfiado: "Quem vai ficar responsável pela limpeza dessa sala? Nós, os professores?". Eu abri o olho também. Se o professor fica responsável pela sala, diminuiria mais ainda o número de serventes e a responsabilidade de tudo ficaria nas nossas costas. Sabe como é, houve um empenho muito grande por parte da Secretaria da Educação para a implantação da sala ambiente. A gente está tão escaldado, que morre de medo do que está por trás das coisas. Afinal, não dá pra ficar dando uma de servente. Mas o meu sonho era ter tido uma sala ambiente...

Um terceiro encontro

Eu não tenho a experiência da minha mãe. Sabe por quê? Porque minha mãe tem uma dupla experiência, a experiência dela e a que ela viveu de novo comigo. A minha mãe me ajudou muito; tive muita retaguarda dela no exercício da minha profissão. Às vezes, ela fazia cartazes pra mim, ou relatava a experiência dela: "Olha, não deu certo assim, tenta fazer 'assado'". Agora, honestamente, nos últimos tempos, tinha situação de que ela mesma não sabia como sair, se ela estivesse no meu lugar. Ela falava: "Você já tentou isso?". Eu tentava e não dava certo, porque o aluno de hoje não é mais aquele aluno de ontem. E quando a gente ouve essa expressão a gente acha que a diferença está no fato de o aluno não aceitar mais as coisas passivamente. Mas tem um detalhe: o aluno de antes respeitava o professor como um profissional, como uma figura competente e digna de respeito. Hoje, nós passamos a ser serviçais.

Eu fui criada pra ser professora: minha mãe era filha de professor leigo, e começou substituindo meu avô — era um trabalho voluntário que o meu avô fazia no primeiro sindicato que teve em Candeias. E eu aprendi com ela que era bom ser professor, que era uma carreira bem aceita para mulher.

Aliás, na época, o curso normal tinha o apelido de "espera marido". Mas eu estou esperando marido até agora...

Minha profissão foi alimentada pela minha família. Sempre tive retaguarda da minha mãe, que é professora; da minha irmã, que é terapeuta ocupacional, mas que tem também conhecimento de psicologia, fez um curso de psicodrama. Tive orientação de grandes amigos psicodramatistas, também. Também sempre li, li bastante... comprava livro de psicologia. Assinava a "Nova Escola".

Minha mãe contava sempre pra mim aquela história dos operários, que estavam fazendo uma catedral. E dizia: "Professora é construtora de catedral". Minha mãe é perfeccionista; se fizesse coisa mal feita, ela dizia: "Quem faz mal feito perde tempo porque tem que fazer duas vezes". Sempre ouvi isso. Então, eu fui preparada pra me dedicar à profissão.

Meu avô era muito idealista, e foi muito perseguido na época do Getúlio Vargas, porque ele era presidente do sindicato. Quando o Getúlio Vargas criou o sindicalismo pelego, ele chamou os operários pra um jantar, e propôs um acordo que meu avô não aceitou. A partir dessa época, ele foi muito perseguido. Por isso ele foi embora pro Nordeste, porque os nordestinos não fecharam com os paulistas e meu avô, cearense, se viu deslocado. Ele foi muito aventureiro e muito idealista. E dava muito valor pra cultura, pro estudo. E minha avó era analfabeta funcional, aquela pessoa que aprende a ler e escrever para ler a Bíblia. Naquela época, em geral, a mulher não era alfabetizada; portanto, minha avó quebrava o galho.

Mulher também não trabalhava fora. Nem na época da minha mãe. Eu era uma das poucas cuja mãe trabalhava, a maioria tinha a mãe disponível.

É uma característica da minha formação me dedicar a tudo que eu faço. Agora, tem uma coisa, não é porque eu me dedico que eu não vou fazer greve, não vou brigar, não; sou grevista..., fui grevista, fiz todas as greves, me orgulho disso, tenho a cabeça erguida porque eu nunca fiquei furando greve com os meus colegas. Também aprendi com a minha mãe a questão da ética, do coletivo. Minha mãe era porta-voz do grupo; e meus colegas dizem que eu também sou. Eu tenho uma capacidade muito grande de resistência, e essa capacidade foi constituída pela minha mãe, que embora não tenha precisado resistir tanto, porque os tempos dela foram melhores, passou isso pra mim.

A escola tomou muito meu tempo. Acho que, talvez, eu não pudesse ser tão dedicada assim, se tivesse marido, se tivesse filho. Meus pais têm bastante idade, mas são muito independentes. Minha mãe se vira, não depende da gente; pelo contrário, ela sempre deu retaguarda. Se eu tivesse filho, será que eu poderia ter me dedicado tanto como eu me dediquei? Eu faltei em muito velório, em muito aniversário, em muita reunião de família... Perdi muita coisa, muitas atividades sociais, atividades de solidariedade com amigos. O trabalho absorve demais a gente, e isso é ruim porque a gente precisa recarregar as baterias. Até porque a gente está num ambiente de peso, num ambiente de violência, num ambiente de insatisfação. Quando você volta pra sua casa, você tem que recarregar. E eu fui professora dentro do meu lar também, porque eu trazia a prova pra casa, e a minha família estava sempre envolvida com o meu trabalho, estava sempre dando retaguarda.

Acho que 70% dos meus fins de semana eu gastei corrigindo prova. A avaliação contínua é maravilhosa, só que a gente se rala pra corrigir, é muita coisa; e o governo não quer diminuir sua carga horária, nem seu tanto de aluno.

Ultimamente, meus diários de classe estavam todos atrasados. Sabe por quê? Porque nem chamada você conseguia fazer. Pra evitar indisciplina, eu já chegava falando, pondo a classe pra trabalhar; pondo em grupo e animando o grupo. Nesse ponto, tive bons exemplos dos meus professores da Faculdade. Aprendi como se faz um trabalho de grupo. Aprendi muito com minhas professoras de Didática, de Psicologia, meu professor de História. Acho que muita coisa que se diz nova hoje é apenas um novo nome pras coisas que já existiam. As pessoas estão meio preguiçosas.

Aprendi com o Brunner, com o Paulo Freire. Até com um professor que era o avesso do avesso do professor tradicional, eu tive a oportunidade de aprender. Ele dava a média pra todo mundo, todo mundo tinha a média, o que hoje seria C. Ele disse pra mim que o aprendizado era assim. E essa experiência eu resgatei quando começou a ficar difícil avaliar o aluno. Já que somos pressionados a aprovar, eu resolvi da seguinte forma: "Tá bom! Todos vão ter a nota mínima C, então eu dou uma lista de exercício, dou várias avaliações, até... o "arroz ensacar tudo". Assim o aluno pensa que teve um C honroso. O que me deixa triste é ver aquele aluno que pode ir muito mais longe ser prejudicado.

Eu sou uma pessoa que, às vezes, confesso, grito com meus alunos. É um defeito que eu tenho, mas também não faço por maldade. Sou meio gritona, afinal sou filha de baiano. Mas nunca usei a nota pra exercer a minha autoridade. Eu tinha um sistema coercitivo que me ajudava muito; era uma armadilha que eu fazia com eles, e funcionava. Eu fazia um pecado, mas esse pecado você pode falar; eu marcava positivo e negativo pra tudo que eles fizessem — comportamento, conhecimento da matéria. Uma pergunta, um positivo ou negativo. Mas na média, eu contava só o positivo. Você entendeu? Eu fazia o balanço; mas o negativo, principalmente o de comportamento, eu não contava.

Na época em que eu comecei a lecionar tinha uma coisa engraçada... os professores mais velhos assessoravam muito os professores mais novos. Por isso, o pecado de negligenciar os meus colegas novos, eu não tenho. Eu tive esse exemplo e procurei segui-lo. Sempre procurei estar por perto. "Olha, eu estou trabalhando assim". Não achando que sabia mais que eles, não imponho. Cada um tem a sua verdade, embora a gente saiba que eles possam ter sido mal preparados. Existem professores jovens muito capacitados, mas quase todos já estão procurando sair do magistério, pois os salários estão muito baixos.

Agora não tem mais esse sistema de retenção de 5ª a 8ª série. Acho que se você trabalhasse com poucos alunos, com alunos maduros, isso funcionaria. O governo está criando, com essas classes numerosas, um jeito de desovar os alunos. Isso cria dificuldades pro professor, porque queira ou não queira, o fato do aluno saber que corria o risco de repetir já impunha mais; tanto é que a disciplina piorou depois dessa deliberação.

Outro entrave, que dificulta a disciplina na escola, é a desconfiança com relação ao trabalho do professor. Não estou falando que só tem santo, mas ele parece ser o suspeito de tudo.

Eu fui de uma época que tinha professor que dava aula pela cara, mas eu te falo também que foi uma minoria. Por isso eu sou a favor da promoção automática, já faz um bom tempo. Só que eu sou a favor da aprovação automática às claras. O governo deveria explicar direitinho o que significa, deveria ter a honestidade de explicar que ele precisa de vaga na escola. Porque por trás de tudo isso, o que está em jogo são as vagas. Mas é querer muito do governo que ele tenha honestidade.

Meu pai não teve influência na minha carreira, de jeito nenhum, meu pai até queria que eu fizesse medicina, não queria que eu fosse professora. Meu pai sempre valorizou a independência da mulher, citava como exemplo a mulher americana. É interessante, porque ele não deixa de ser um machista, mas desempenhou um papel muito grande na nossa educação, pois quando a gente estava doente, e minha mãe trabalhando, meu pai cuidava da gente, dava mamadeira, fazia compressa no meu ouvido. Por isso ele teve um papel muito importante. Mas nunca o vi lavando roupa ou arrumando a casa para minha mãe. Meu pai dividia as despesas da casa com minha mãe, mas ela tinha que pagar a empregada. E ele administrava o patrimônio do casal.

O fato de minha mãe trabalhar fora me deixava, às vezes, com um sentimento de abandono, porque eu não tinha uma mãe disponível, como as outras tinham. Minha mãe não podia ficar fazendo coisas que as outras mães faziam, como coisas de cozinha, por exemplo. Na minha infância, eu sempre fui muito independente devido à própria circunstância. Já "enforquei" dentista e minha mãe só foi saber depois de muito tempo.

Mas eu queria a minha mãe em casa. Toda vez que ela saía, eu chorava. Foi por isso que eu entrei na escola como ouvinte. Eu vivia na casa da minha avó e de uma outra parente da gente que morava aqui perto.

Não é que a minha mãe não fizesse as coisas para mim, ela fazia, mas não era sempre, ela tinha horário. Eu nunca fui de trazer muitos coleguinhas em casa, porque eu não tinha a mãe para olhar, minha casa não era nenhuma casa gostosa de ficar, porque não era uma casa que tinha mãe toda hora. E quando ela ficava em casa, trazia muito trabalho para fazer. Os professores daquela época tinham diário, que o diretor dava visto, então era tudo ilustrado, pintado com lápis de cor, uma coisa muito bonita. O diretor não era só um burocrata; ele dava uma assistência pedagógica.

Ana, eu tenho uma queixa para fazer de vocês da Universidade, que é uma queixa não de você, Ana, é uma queixa que nós, professores, temos muito, porque às vezes a gente é pesquisado e a gente sente que as coisas não voltam para a gente. Outra coisa que eu tenho a falar, uma outra queixa, não é da Universidade UNESP, é que a teoria... eu não estou vendo isso em você, você eu estou sentindo que está muito preocupada com o lado prático, o que eu sinto é que os teóricos se colocam num pedestal tão alto e de repente começam a ser capataz da gente também.

Eu sinto que os professores da Universidade têm se distanciado muito da gente e eles têm se colocado num plano altamente superior, no direito de julgar a gente. A gente anda muito aborrecida porque o que a gente quer é a Universidade perto da gente, desenvolvendo as coisas com a gente, estando ali com a gente, nós não queremos só a Universidade elaborando teoria. Você está me entendendo? Eu acho que estou falando muito; mas esse é o meu recado, Ana.

2. Dona Noemi por Dona Noemi

Meu pai foi professor leigo. Ele foi um pioneiro. A escola em que estudei se chamava Escola Preliminar do Centro Proletário Beneficente Instrutivo de Candeias, era do sindicato e papai dava aula em três períodos: de manhã, à tarde e à noite. Isso no começo da década de 30. Então, quando papai cansava, ele pedia para eu ir substituí-lo. Tudo o que eu aprendia no ginásio, eu contava para aquelas pessoas, para aqueles aluninhos, sabe? Fui estudar então no ginásio São Pedro. Naquele tempo era muito difícil para estudar, principalmente na aquisição de livros, pois a biblioteca era muito incipiente. E quando veio o IE (Instituto de Educação), os alunos, principalmente os que tinham mais dificuldades financeiras, procuraram ir para lá.

Os professores lá foram muito, como dizer, severos, então, foi reprovação em massa. Por isso, nós precisamos voltar para o ginásio São Pedro. Depois, eu voltei para a Escola Normal Municipal, em que davam aulas professoras de fora, recém-formadas em Botucatu, em Itu.... Elas foram heroínas, eram professoras recém-formadas, estudaram em boas escolas. Antes da minha formatura, em 47, a Escola Normal passou para o Estado. Então, eu sou da primeira turma da Escola Normal Oficial.

Nós tínhamos professores que eram ousados, eram professores que tinham tido aqueles professores escritores, que lançaram livros. Era essa a nossa realidade aqui, de cidade da boca do sertão. Mas eu louvo muito a Deus, sabe?

Nós fomos também ousados. O prefeito passou aquelas professoras leigas para a parte administrativa da Prefeitura, como tesouraria, secretaria... e colocou os professores formados pela Escola Normal. Ele valorizou os que tinham dado um passo de fé e assim eu fiquei 27 anos no Cláudio Ribeiro. Os melhores anos da minha vida, eu dei ali para aquela escola.

Quando eu cheguei, tinha professores de gabarito, professoras de experiência, aqueles "cobras". Então, eu entrei ali com bastante humildade para aprender com eles. Acho que isso foi muito bom pra mim, porque eu reconhecia que tinha os meus calcanhares de Aquiles. Por exemplo: eu detesto matemática, viu? Detesto. Eu acho que aquela história de 2+2 ter que dar 4... podia dar 5 ou dar 3, viu? O professor Alcides Guerra, que foi o professor de matemática, dava uma questão valendo 4, que era o mínimo, ele tinha muita consciência das diferenças individuais. Ele sabia que quem gostava das humanas não gostava das exatas e quem gostava de exatas não gostava das humanas. Então, ele dava uma questão fácil, que era para a gente poder passar.

Os professores viviam intensamente para a escola. A Bíblia diz: "onde está o teu tesouro, aí está o teu coração", e o tesouro daquela maioria, com raríssimas exceções, era a escola, os alunos. E havia também, de outra parte, a família dando todo apoio, todo respaldo para o professor, dando liberdade para o professor ser enérgico, o professor exigir. Os pais presenteavam os professores quando eles eram bem exigentes com os filhos, o contrário do que é hoje. A escola era o melhor lugar que o aluno tinha, porque ele morava, geralmente, numa casa de madeira. O Cláudio Ribeiro era a sala de visita da cidade, um prédio muito bem construído, muito confortável, o pátio de recreio das crianças era o melhor lugar do mundo, o melhor parque de diversões. Havia um ambiente muito favorável. Se você visse os cadernos daquele tempo, o pessoal que fazia o primário tinha muito mais conhecimento, muito mais informação do que quem faz hoje o ginásio. A gente tinha uma consciência de que o futuro do aluno dependia muito da gente.

Naquele tempo eu tinha sempre as "secretárias do lar" muito eficientes, então, eu chegava, o almoço estava pronto, almoçava, descansava e depois era preparar aula. Não é como hoje que tem livro do professor, livro do aluno, que tem aquele monte de coisas que vêm prontas. Você precisava preparar cartazes, tinha que fazer um mapa, tinha que procurar gravuras, comprar revistas para fazer cartazes. A gente enchia a parede porque o aluno não tinha em casa. E você tinha que dar o máximo de informação para o aluno porque a grande maioria não comprava jornal, não tinha rádio. Você sentia a responsabilidade de ser o agente de educação. A motivação vinha da vocação para ser professor. O professor de verdade não só gosta de receber, mas gosta de dar. Então, tem que ensinar, tem que repartir. Tudo que eu via bonito, tudo que eu achava que edificava, eu contava pros meus alunos. Eu aprendia a fazer uma coisa, chegava lá, ensinava pra eles.

Hoje o professor precisa ser artista para conseguir prender a atenção, pois ele tem aí fora clubes, outros lugares muito mais atraentes que a escola. Nós tínhamos alunos que estimulavam a gente, que tinham sede de aprender. Tinha exceções, mas a maior parte ia porque gostava. Eu tive um aluno que não queria entrar na sala de aula, tinha vindo do sítio. Eu acho que lá no sítio o pai era meio duro com ele. Um dia, eu vi aqueles dois — o pai e o diretor — correndo atrás dele para pôr na sala de aula. Eu sempre tinha tratado o menino com carinho, mas aquela cena me deu uma ira... Eu cheguei, sacudi o menino na carteira: "você vai escrever", mas eu fiquei indignada de ver aqueles dois homenzarrões correndo atrás do moleque. Sacudi ele na carteira. Ele pegou o lápis e começou a escrever e só parou no fim do ano. Sabe por quê? Eu precisava ser enérgica com ele. A minha fala mansa estava desmerecendo o menino; ele era muito macho para aquilo. Se eu fizesse isso agora, eu ia direitinho pro Conselho Tutelar.

Um dia eu estava passeando e ouvi: "dona Noemi! dona Noemi!". Era ele. Eu fiquei muito feliz. Ele precisava de pulso forte, não gostava de gente mole. Pra ele eu era muito fraca.

Quando veio a democratização da escola, veio aquele período de pesquisas. Nunca foi muito fácil mudança, porque tem que mudar a cabeça. Eu, por exemplo, não gostava de matemática. Então, era a primeira aula que eu dava, no meu pique maior. No começo, a gente dava uma aula plena, planejava e executava. À medida que as dificuldades sociais foram chegando — a família, a mulher precisando trabalhar fora, as crianças sem muita assistência dos pais — a gente foi perdendo tempo com indisciplina e já não conseguia dar tudo que queria. Daí, a criança precisou começar a fazer em casa muita coisa, porque o tempo de sala de aula não era suficiente. Eu senti isso no decorrer da minha carreira. A democratização foi uma faca de dois gumes, porque não é todo mundo que nasceu para estudar. Tem uns que precisam trabalhar as mãos.

Naquele tempo, os pais encontravam com a gente e vinham reconhecidamente agradecer. Dizer "estou contente que meu filho é seu aluno". Quando um aluno fazia aniversário, na segunda-feira ele vinha com um pedacinho de bolo. A gente ganhava tanto presente no dia do professor... Eu nunca comprei talco, nunca comprei sabonete, nunca comprei enfeite; era difícil um Dia do Professor em que um aluno não desse um presentinho. Quantas vezes as mães se uniam para fazer a festa... Ninguém manda nada para ninguém se não tem um vínculo. Os pais iam, agradecidos: "a senhora pode puxar a orelha do meu filho".

Puseram muito comigo os alunos difíceis, alunos com comportamento indesejável. Um ano, a diretora me deu uma classe de delinquentes em potencial. Ela teve a gentileza de não me cobrar resultados na parte de programa. Muitas vezes eu precisei fechar a porta e dar lição de vida pra eles. Foi uma loucura! Eu pedia muito a Deus: "Meu Deus, o que que eu faço?". Eu tinha um aluno, a minha "Gabriela cravo e canela", um moreno bonito, uma pele bonita. Quando vinha circo, ele não ia à escola, ficava no circo pegando gato e cachorro pra levar pros leões... O Hélio era um menino assim, solto na vida. Quando chegou o Dia das Mães, fizemos um bazar e a Cleide falou para mim: "O Hélio quer comprar um presente para a mãe dele. O que eu faço?". Como eu sabia que ele não era muito confiável, falei: "Muito caro, não. Mas vende pra ele. Se ele não pagar, eu te pago". Porque eu tinha dó. Ele levou um presente pra mãe. Passou o Dia das Mães, a Cleide chegou pra mim: "Noemi, o Hélio não me pagou". Eu falei: "Escuta Cleide, espera dois dias". Aí, eu dei uma aula sobre o Serviço de Proteção ao Crédito, eu falei sobre o dinheiro, que o dinheiro é um ótimo servo, mas um péssimo senhor. Quem não manda no dinheiro, o dinheiro manda nele. Se compra fiado e não paga, perde o bom nome. Mais vale um bom nome do que roupa, do que tudo. Dei uma aula com a alma, porque eu tinha um endereço. No dia seguinte, o Hélio entrou na classe com duas notinhas: "Eu trouxe o dinheiro! Eu trouxe o dinheiro!".

Eu tive outros alunos difíceis. Uma vez, no primeiro dia de aula, lá no fundo tinha um menino. De repente um aluno falou: "Dona Noemi, o macaco tá acostumado a bater em professora". Ele tinha uma cabeleira dessa altura. Eu, morrendo de medo aqui dentro, fiz como se estivesse me preparando para a briga, arregaçando a manga, e falei: "Meu avô sempre dizia que não se pode deixar para amanhã o que se pode resolver hoje. Então vamos resolver hoje". E fui pro lado dele, sabe? Mas quando eu fui caminhando, eu fui pedindo a Deus que me desse amor por aquele menino. Quando eu cheguei perto dele e pus a mão na cabeça dele, sabe aquele gatinho desmilingüir? Ele se derreteu, não me enfrentou. Eu não pus a mão pra agredir, eu pus com amor. Ficou meu amigo. Ele roubava garrafa da minha mãe, parou de roubar garrafa. Eu ia à feira, comprava coisa da banca dele, as coisas ruins, comprava pra prestigiar. Bom, aí, esse menino saiu da escola. Um dia eu vou lá no abrigo dos meninos, tinha uma prisão de criança. Eu chego lá, vi o Edson. Me deu uma dor no coração. "Edson, o que você está fazendo aqui"?. Ele abriu um sorriso: "Dona Noemi, eu não tô preso, eu sou pedreiro, eu tô consertando o chão". Quantas vezes esses ex-alunos me procuravam. Eu acho importantíssimo, pra ser professor, ter vocação. Eu tive muitos alunos que vieram de outras escolas porque as professoras não aguentavam, mandavam embora, expulsavam; aí, eles iam para o Cláudio Ribeiro, para a minha sala.

Os pais dessas crianças eram mais ausentes. Eu não conhecia a mãe do Edson. Do Hélio também nunca vi pai nem mãe. Os pais não vão porque têm medo. Eles não querem ajudar, eles fogem. Acho que eles se sentem incapazes de uma mudança. Eles eram muito pobres, mas eu tinha muitos alunos pobres que não eram problema. Geralmente, algum problema na família, como alcoolismo, é um fator desintegrador. Geralmente, os alunos difíceis tinham pais ausentes, que não tomavam conhecimento. Eu nunca suspendi aluno. Eu preferia sentar, conversar com ele. Quantas vezes eu fechava a porta e conversava com eles. Contava que fui muito pobre, que eu tinha uma colega muito rica que um dia viu que a sola do meu sapato estava furada. Não era um furinho, não, era um furo grande. A gente não tinha dinheiro para pôr uma meia sola. Como era o único sapato, não podia nem ficar no sapateiro pro conserto. Ela chegou no dia seguinte e falou pra mim: "Noemi, experimenta este sapato aqui. Eu comprei e não estou agüentando". Mas eu acho até hoje que foi mentira dela. Ela bem que agüentava, mas ela queria me dar. Estava apenas disfarçando.

Eu tive um aluno, no dia de culto à bandeira, que ficou sentado. Eu era muito inocente, meus alunos até judiavam de mim. Eu cheguei perto dele e falei: "Você está com o pé machucado?". "Não, não vou ficar em pé". "Mas por quê"?. "Porque eu não sou obrigado a ficar em pé". "É hora do culto à bandeira e o mínimo que a gente pode fazer é ficar em pé. Você não quer ficar em pé?". "Não, senhora". Eu peguei o menino pela camisa: "Vamos comigo, aqui você pode até plantar bananeira". Voltei, fiz o culto à bandeira. Mas o professor precisa também ter muito esquecimento na hora certa. Terminou o culto à bandeira, ele entrou, dei minha aula, tudo bem. Até esqueci da história. Na prova dele em setembro, ele escreveu na redação: "Passei no altar da pátria, os atiradores estavam cantando o Hino Nacional. Eu parei e cantei com eles". Eu não estava lá no altar da pátria, não estava vendo. Ele podia dar até cambalhota lá que eu não tinha nada com isso. Mas ele parou e cantou.

Outra experiência: eu falava com os alunos daquele SPC (Sistema de Proteção ao Crédito): "Vai comprar pão, por favor, dá o troco pra tua mãe, não embolsa o troco, tem que dar o troco, um troco de agora, um troco depois, dá pra comprar outra coisa". Um dia, vou num caixa, e era um tempo que ninguém dava troco pequeno. Paguei e ela me deu uma moedinha que seria 1 centavo hoje. Eu olhei pra ela e falei: "Parabéns! Faz tempo que não me dão troco". "Minha professora ensinou que a gente precisa dar o troco da mãe quando a gente vai na quitanda. Dona Noemi, a senhora não tá me conhecendo?". Não vale a pena? Mas o professor tem que marcar o aluno. Pôr a marca ali, não dele, mas a marca da vida que é decente, é correta. Eles também me marcaram. A gente tinha uma chance ainda de ajudar um pouco; hoje, o professor é sozinho pra fazer alguma mudança. Em casa não faz, a sociedade não está contribuindo, televisão não ajuda.

Eu estudei na raça; a minha mãe estudou até o 2º ano de grupo. Quando a gente comprava sabão ou carretel, minha mãe sempre desenrolava o pacote para ler o papel de embrulho. Papai foi pro nordeste e ela ficou com seis filhos. Ela formou quatro professores e um médico. Porque onde há uma vontade, há um caminho. Mas eu tive que renunciar a muitas coisas. Eu não podia ter roupa. O uniforme, a minha mãe, dum ano pro outro, virava pro avesso. Eu, muitas vezes, estudei sem ter livro. Na hora, eu encostava a carteira na colega e pedia: "Posso ler junto com você"?.

Se a gente se queixasse de um professor, minha mãe mandava um doce pra ele. Mandava perguntar "que doce você gosta", para mandar aquilo. Quando que hoje o pai quer saber o doce que o professor gosta? Nenhum pai chegava para fazer uma reclamação direto com o professor. O diretor resolvia o problema com o pai, depois ia conversar com o professor. Com o passar do tempo, o diretor passou a não ser amigo do professor, teve uma ruptura, o diretor ficou como um fiscal do governo. Na década de 60, 70, começaram as mudanças. Havia uma amizade entre diretor e os professores. O diretor estava sempre na sala do professor, conversando, ensinando, conduzindo uma reunião pedagógica. De repente, ele se exilou lá na diretoria. E foi ficando tudo nas mãos do professor.

Mas muita coisa sempre foi de nossa responsabilidade. Por exemplo: havia o dia da revista. Olhávamos a orelha, se a criança tinha piolho, ensinávamos como matar piolho, como tratar sarna. Cheguei a ter 55 alunos. E quando a Vitória estudou, tinha 60 alunos na classe dela.

A gente dava conta porque eram mais disciplinados. Eles ouviam, respeitavam mais, então você podia trabalhar. Hoje, com 45, os professores estão desesperados. Quantas campanhas nós fizemos na escola... Quando o presidente Geisel veio, eu escrevi uma carta aberta pra ele no jornal. Meus aluninhos adoraram, porque a professora tinha escrito pro presidente. Saiu no jornal... Eu acho que hoje o professor está desencantado, mas ele é muito importante. Ele não pode olhar pros ingratos. Ele tem que olhar é pro papel dele, pra missão, eu acho que quem vai pelo vil metal é muito doloroso, porque enfrentar 40 alunos só por causa do fim do mês, não dá, não há dinheiro que pague!

Todo dia eu punha um pensamento para o dia. A gente tinha que deixar uma sementinha de uma virtude, de um propósito. Eu sabia o nome dos meus alunos, a biografia deles porque eles contavam muita coisinha deles.

Meu irmão sempre fala: "Um gado separado, uma vaca lá isolada, tá doente". E eu lembrava do meu irmão quando via um aluninho lá. Eu sabia: "ele está doente". A gente procurava saber o que era, a gente não tinha medo de se envolver. Hoje a gente tem medo. Eu tive uma experiência quando eu lecionava, já no fim: o irmão de um aluninho meu matou um homem. Nunca ninguém comentou em sala. Foi um assunto muito comentado na cidade. Aqueles meninos respeitaram o colega. Aquela solidariedade me impressionou. Eu achei lindo e também respeitei.

Um dia um menino perguntou pra mim se podia contar uma anedota. Eu era muito boba, e deixei. Ele contou uma anedota pornográfica. Eu quase morri de vergonha. Podia ter mandado ele falar no meu ouvido. Confiei e dei com os burros n'água. E um dia, estava riscando a lousa, quando eu virei tinha um com um daqueles binóculos com fotografia. Naquela época eram comuns as fotos da escola serem de binóculo. Tomei o binóculo dele e fui olhar pensando em falar assim: "no recreio, você mostra pros seus colegas". Olhei, mas não entendi o que era aquilo. Era um binóculo pornográfico. Menina, aquele dia eu perdi o rebolado, mandei o menino pra diretoria porque eu não sabia o que fazia com ele e com o binóculo. Naquele tempo, faz mais de 20 anos... já tinha dessas coisas. Não tem nada novo na Terra. A turma morria de rir das frias em que eu entrava por ser inocente.

Mas essa inocência foi importante, porque quando você sabe das coisas, você fica prevenida. Eu preferia não saber o que fazer, não ser escolada, a me esquivar. A gente vive num meio que não tem muito contato com esse mundo bandido. Uma vez, um rapaz fez umas confidências de natureza sexual e eu não entendi nada. Então, meu irmão que é médico falou assim: "Noemi, ele te disse: 'Dona Noemi, eu tô usando droga, me ajuda'". E eu não tinha entendido. Mas depois, eu ajudei. O moço foi tratado, largou o vício e a família se mudou para Ribeirão Preto. Um dia, bateram palma aqui, eu fui atender, era o pai dele. E disse: "meu filho vai se casar e eu mandei muitos convites pelo correio, mas o da senhora eu vim entregar em mãos".

Eu fui ouvir muitas palestras sobre drogas depois desse episódio porque eu pensei: "Ele teve tempo, né? Mas e quantos que, às vezes pedindo o socorro, a gente não faz nada? Eu quero saber pra ajudar".

O meu filho nasceu surdo-mudo. Cátia Maria Antero, que é o nome de uma escola, aprendeu a linguagem do meu filho. Ela não tinha filhos, chamava meu filho de "meu Samuelzinho". Ela entendeu a linguagem dele, ganhou o coração dele, ensinou num ano meu filho surdo-mudo a ler. Por causa desse meu filho, toda criança que tinha dificuldade, eles punham comigo, pra eu poder ajudar aqueles pais. Tive muito aluno-problema por isso também. A gente tem que entender o limite dele, tem que se ajustar à realidade dele, não é? Sobre meu filho, eu falava pros professores: "você não se preocupe que ele nunca vai te envergonhar". Porque antigamente, o aluno que escrevia errado, envergonhava o professor.

Infelizmente, o lar deixou de ser uma agência religiosa. Os pais não estão muito preocupados em dar uma orientação religiosa pros filhos. Eu dava aula de religião; tinha aluno budista, tinha aluno de tudo. O que eu fiz? Não dei doutrina, dei Deus, o próximo, as virtudes, o amor ao próximo, o perdão. Contei muitas histórias bíblicas pra eles, principalmente de crianças. E sempre com uma aplicação prática pra vida, alguns rumos pra vida, pra ética, pra moral.

E eu tive um aluno muito difícil, muito rico, um menino sem educação, tipo galinho de briga. Um dia eu contei a história de Davi, que Davi era perseguido por Saul, e que por isso ele dormia nas cavernas. E ele tinha medo. E naquela época podia ter bicho, o inimigo chegar lá, pegar. Então, quando ele ia deitar, dizia: "Em paz me deitarei e dormirei porque só tu, Senhor, me fazes repousar em segurança". Aí, ele dormia. Quando acordava, não tinha acontecido nada, então, ele pulava, olhava pro céu e dizia: "eu me deitei e dormi, acordei porque o Senhor me sustentou". Menina!, quando eu falei isso, o menino pulou: "Escreve isso pra mim porque eu morro de medo da noite". Aí, eu fiz um anjo bonito, escrevi atrás o texto e mandei pra ele. Então, eu pensei: "todo mundo vendo ele ali tão valente, e de noite tem medo". Essa é a importância da religião. Mas essa iniciativa dependia mais do professor.

Eu cheguei a dar erosão, que hoje é discussão ambiental. Isso há 40 anos. Eu dava pra eles curva de nível, desenhava como é que tinha que plantar, fazia muitas experiências com eles.

O planejamento era feito em grupo. Mas tenho que falar uma verdade: o planejamento não era uma coisa que a gente estivesse sempre... mexendo. A bem da verdade, era meio pró-forma, burocracia. A gente, naquele tempo, trazia o caderno em casa pra corrigir. Na minha casa, na minha mesa, o dia inteiro tinha papel, tinha coisa. E eu fazendo, preparando aula.

Eu tive fôlego, graças a Deus, de pensar no aluno que estava lá no fundo. A gente geralmente olha aqui na frente. Esse da frente está interessadíssimo, motivado. Fica na frente aquele que não quer perder nada. Tem que olhar no fundo da classe, porque é aquele que quer escapar. Não quer ser alcançado. É com aquele que você tem que mexer.

Papai falava sempre: "Não seja ridica! Dá tudo que você tem, entrega o ouro. Quanto mais você dá, mais você recebe". Eu recebi muito. Aqui teve um curso de português popular, eu fui fazer. Teve um curso de jornalismo, eu fui fazer. Depois, eu participei de um concurso de foca, ganhei o primeiro lugar. Então, quanto mais você se envolve, mais você tem. Não pode parar. Eu preparei semanário, aula até a última semana, depois de 30 anos. Lá a gente tinha o semanário. Preparava as aulas por semana.

Antigamente, quando eu me formei normalista, eu tinha um rei na barriga. Hoje, o que é isso? Não é nada. Agora só se tiver doutorado. Deus te abençoe por você estar fazendo doutorado.

Eu gosto muito daquela história do homem que saiu para saber o que era o trabalho. Então, ele chegou e perguntou para um trabalhador, numa construção: "O que que você está fazendo"? O homem olhou para ele com uma cara muito feia (...): "Estou quebrando pedra". O outro disse: "Tô fazendo o reboco". Mas o terceiro falou: "Estou construindo uma catedral". Ele tinha o alvo, a meta a que ele queria chegar. Professor tem que ser esse construtor de catedral. Eu não gostava de matemática, mas era a primeira aula que eu dava, dava com toda a garra. O que eu encontrei de alunos meus que fizeram matemática... Foi a maior alegria pra mim porque eu não os contagiei com a minha idiossincrasia.

Eu tirei licença com uma das classes em outubro, fiquei esgotada e tinha direito à licença-prêmio. Aí eles fizeram a Vitória pegar as minhas aulas. "A mãe não agüenta, a filha tem que agüentar". Como eu conhecia os alunos, eu tinha mais facilidade de estar informando, de estar ajudando. Então, ela foi e ficou... Eu falei pra ela: "Vitória, depois de se aposentar, você vai descobrir as coisas". Aqueles que estão ali ainda não elaboraram o que você está fazendo com eles. Quando eles amadurecerem mais, quando eles puserem o pé no chão, assentarem a vida, é que vão começar a ruminar. É aí que a gente começa a receber o troco.

Se eu pudesse voltar o tempo, eu seria professora de novo. Mas eu acho que se não for vocacionado, desestimula mesmo! Você vê um moleque que estudou com você, tá ali fazendo um serviço mecânico, sem nada de responsabilidade, ganha mais que você. Isso daí é uma agressão. Se me acenassem com algum abono, se me dissessem: "dona Noemi, agora que a senhora sabe tudo..." eu daria mais uns 5 anos. Eu não teria me aposentado ao completar trinta anos em um serviço que me proporcionou grandes alegrias. Teria ficado pelo menos mais cinco anos. Tinha fôlego para isso.

3. Dona Maria por Dona Maria

Comecei a dar aula no Cláudio Ribeiro em 1949, depois de algumas experiências. Naquela época, o programa era ditado pelo Governo, você tinha que dar aquilo. Como você desse, o problema era seu. Então, você tinha que arrumar artifícios. Agora, naquele tempo também, o professor era melhor formado. E o trabalho era feito por vocação, não era apenas pra ganha-pão, não! Então, a diferença também está aí. A vocação era descoberta pelo amor! É igual casamento: amar 24 horas por dia. A verdade é essa: a gente respirava escola, almoçava escola; a escola, os alunos...

Eu sempre tive classes boas, excelentes. Nisso, eu pegava os alunos mais fracos, trazia pra minha casa, à tarde. Esses nivelavam, trazia outros. Imagine: hoje não se faz isso, nem pode. O professor dá aula em cinco, seis escolas.

Vim de Itapetininga. A minha primeira experiência com sala de aula mesmo foi como professora substituta no Morro Agudo, oito léguas a cavalo, lá no Vale do Ribeira. É incrível, ninguém acredita, porque hoje as pessoas acham que isso não é possível. A guerra acabou, eu soube quinze dias depois. Eu era dispensada das reuniões porque eram 8 horas a cavalo. E alguém vinha do sítio para a cidade, então, levava o pagamento.

Vim pra Candeias porque eu ingressei. Falaram que aqui tinha aqueles sapos no meio da rua, que as casas eram de tábua. Lá na minha zona não tem casa de tábua. Eu tinha 22 anos. Sozinha. De Morro Agudo, fui para uma escola de uma colônia húngara, entre Cotiguara e Itaú (cidades próximas a Candeias). Nessa época, era 1946, morei na cidade vizinha a estas. Em 1947, vim para Monte Alto, distrito de Candeias. Era uma escolinha com duas classes em que lecionavam quatro professoras. Nós construímos um Grupo Escolar. O terreno já havia, conseguimos a madeira para fazer uma escola de tábua. Conseguimos tudo.

A gente trabalhava, não eram só as quatro horas. Você ficava na escola, você gostava da escola, você amava a escola, entende? Vestia a camisa da escola. Hoje, coitadas das professoras, não têm tempo de nada.

De lá, eu vim para o Cláudio Ribeiro, já em 49, e fiquei aí até 70, 75. Era dona do Cláudio Ribeiro. Fiquei lá bastante tempo e a escola mudou bastante nesse período. Naquela época, nós tínhamos 45 alunos na sala de aula e os ouvintes que não podiam ser matriculados, que eram oito, seis. Mas a desistência era muito pequena; em 1959 comecei o ano com 45 matriculados e oito ouvintes. Fui encerrar o ano com dois alunos a menos.

Eu construi uma biblioteca no Cláudio Ribeiro. Eles não tinham e o delegado de ensino me tirou da sala de aula e eu pude escolher mais duas ajudantes. Era a Biblioteca Infantil Monteiro Lobato. Tudo pobre, mas sei que os alunos liam, ouviam, dramatizavam. Tinha a hora da arte, com todas as crianças no chão, com almofadas. Era uma gracinha. Eles iam lá, escolhiam o livro e já sabiam o número do tombo. Quando entrou o Ginásio, em 68, desmontou tudo. Uma pena, porque dava resultado. Precisava ver as histórias que os alunos criaram, os textos que eles criaram. Eu fiquei boba outro dia, olhei a redação do meu sobrinho no 4º ano: tinha apenas seis linhas, tudo com letra minúscula... No meu tempo, no 3º ano faziam a redação de uma página e meia de almaço.

Essa diferença se deve à formação do professor. Não sei se é falta de tempo, se ele não gosta do que faz... Porque no nosso tempo também era duro. Você tirava do seu ordenado, não pense que o professor ganhava muito, não era isso, não. O marido ajudava, senão... Mas nós não tínhamos roupa de grife, não tínhamos carro, a vida era mais simples... a restaurante, ninguém ia. Então, sobrava dinheiro porque você controlava. O dinheiro dava por causa disso. Não acho que o professor ganhasse tão bem antigamente e tão mal hoje. Não acho, sinceramente. Mas a gente comprava revistas, a revista do ensino, e pesquisava muito. E os alunos ajudavam.

Eu sou assim, meio "prafrentex". Olha que absurdo, pro 3º ano, estudar todas as estradas de ferro de São Paulo, todas as cidades... Pra decorar é meio difícil. Era absurdo e não era, porque, com isso, o que eles aprendiam! A locomotiva era eu, sentava-me lá no chão e todo mundo: "Pi! pi! Quem vai entrar em Candeias? Tchu! Tchu! Tchu! Primeira parada". Eram uma gracinha, aprendiam brincando. Não se fazia isso no meu tempo, porque era aquela bagunça. Mas eu nunca tive problema. Na verdade, tinha disciplina, liberdade com responsabilidade, que é diferente da indisciplina. Porque a classe pode estar quieta, quieta e ser indisciplinada, a indisciplina passiva que é muito pior do que a ativa. O aluno alienado, tá quieto mas tá no mundo da lua. É verdade ou não? Não dava tempo para indisciplina porque eles adoravam.

Perto da minha classe tinha uma mangueira, na casa do doutor Libâneo. Quando aquela mangueira estava florida eu dizia: "Gente, primeiro vocês fechem os olhinhos. Todo mundo... "Olhem, sintam. O que que vocês estão sentindo?". "Perfume". "De onde? Abram os olhos e vão ver". Eram as flores. Daí, você já aproveitava. Era uma gostosura. Ensinava as crianças a ver, a observar. Aí, eu falava pra de noite eles olharem um jardinzinho, um vasinho, um bichinho, o ventinho passando entre as folhas... A gente ensinava a sensibilidade pra eles. Hoje não dá tempo porque tem não sei o quê... Horário disso, horário daquilo, tudo divididinho. Eu não seguia norma, dava português e matemática. Às sextas e sábados, para descansar, eu dava ciências, artes, ginástica. Nós é que dávamos aula de ginástica... Dávamos tudo. Mas não dava história isolada da geografia. Pro primário não dá!

Quando eu ensinava o funcionamento do nosso corpo, o aluno aprendia até os nomes porque ele levava radiografia dos ossos, osso que achasse em casa de frango, de boi. Eu pedia. Eles adoravam essas coisas. Uma vez, quando eu fui dar aula sobre o coração, me lembro tão bem, a filha do doutor Nivaldo foi ao matadouro buscar um coração de boi. E trouxe o bendito. E eu disse: "Ai, gente, eu não sei explicar". Chamei o doutor Osnei e ele foi lá explicar.

A gente fazia mapa de massa; fazia primeiro o mapa, depois estudava os rios. Fazendo isso eles estavam estudando. Tem muita coisa que eu fiz que tá errado, coisa que hoje mudou, mas fiz muita coisa boa.

Uma delas foi a inovação no planejamento. Chamava-se unidade de planejamento. Você escolhia um tema e trabalhava tudo relacionado a ele. Quando eu o introduzi, o diretor era seu Samuel Barone. Ele me perguntou se eu tinha confiança no método. Eu confirmei e tive que assumir a responsabilidade pelo que estava fazendo. Só que naquele tempo as provas vinham da Delegacia de Ensino, prontas. Que dó. Primeira prova: um fracasso. Ninguém, ninguém foi aprovado. Mas eu já sabia que era isso. Segunda prova: acho que 25%. Terceira prova e na quarta prova estourou, 100%. Porque era um plano em que você dava um tema e os alunos pesquisavam tudo sobre ele, tudo girava em torno dele. Se em geografia, por exemplo, o tema fosse sobre os Bandeirantes, na matemática, os cálculos eram com quilos de ouro, de pedras preciosas, e com isso você ensinava geografia, história, ciências, tudo relacionado. E o que eles pesquisavam extrapolava o conteúdo estabelecido.

Depois tinha a culminância, com os trabalhos. Então tinha a dramatização, a pintura, jogos, poesias, histórias que eles faziam, que eles inventavam em livrinhos... uma gracinha! E outra coisa, a gente fazia o varalzinho: recortava histórias, historinhas, porque era terceiro aninho, com lições de moral etc. e tal, e colava lá. Quem terminava ia lá ler e em um dia específico nós sorteávamos um para contar a sua história para a classe. Era o dia da fala. Depois do sucesso, meu trabalho foi reconhecido. Todas as professoras quiseram. Mas isso não significa que passei a fazer o planejamento com as outras professoras... É até feio dizer, mas a verdade é que acharam fácil receber pronto em vez de fazer o diário.

Criança é o material mais rico que você tem, mais maleável também. É musical, é só você saber trabalhar. Outro dia, encontrei um ex-aluno meu, hoje já homem feito, e nós tivemos uma conversa engraçada. Ele me disse: "Dona Maria, eu tomei tanto croque da senhora...". "Tomou mesmo? Eu dava croque...?". "A senhora deu, não é?". "Mas é claro, Luiz Augusto, você era um aluno pra 10. Eu não podia aceitar 9 de você, de jeito nenhum. Pergunte para seus irmãos se eu dei croque neles. Nunca! Mas jamais poderia aceitar um 8 ou um 9 de você."

Ele tinha um pouco de dificuldade para frações ordinárias. Quando terminava rápido a lição de outra matéria, eu logo falava: "Vai na lousa, fazer um exerciciozinho no outro cantinho". Todos eles iam numa boa, não era como castigo, não. Nem eu pensava, nem eles. Hoje, se fizer isso, o pai vai e briga, o diretor vai e briga, que tá humilhando a criança.

Outra criança que me marcou foi o Juarez. Está vivo aí, bem de vida e tudo. Ele e o irmão, muito pobrezinhos... E um dia ele rasgou a calça naquelas carteiras duplas... Tinha um prego. E chorou... E chorava dizendo que a mãe dele ia bater. Chorava, chorava, chorava e eu não sabia o que fazer com o menino. Pedi uma agulha, dei um jeito na calça, mas o Juarez continuava chorando. Aí tive uma idéia: "Vamos fazer uma coisa, escreva uma carta pro governador... Pra ele trocar as carteiras, colocar aquelas individuais, bonitinhas, iguais as do ginásio". Fiz um rascunho rápido pra ver se ele parava de chorar. Terminou a aula, eu dei o dinheiro, o envelope, o endereço para depois ele pôr no correio. Acho que isso foi em abril. Quando foi agosto, estava dando aula, e entrou um rapaz: "Classe da dona Maria?". "Pois não?". "Eu posso entrar pra falar com a classe?". "Pode". O rapaz veio pra classe: "Gostam da professora?". "Gostamos". "Gostam da escola?". "Gostamos". "Das carteiras?". "Gostamos". "Muito bem, então vocês gostam da professora?", repetiu. "Ótimo! Então, vocês gostam da...". Na terceira vez, eu pensei: "o homem é louco". E disse: "Meu senhor, o senhor veio a quê? Ou o senhor diz a que veio, ou vai embora. O senhor está atrapalhando a minha aula". Ele disse: "A senhora não acha que está sendo um pouco petulante?". "Petulante está sendo o senhor, entrando na minha classe. O diretor não veio junto, eu dei licença e o senhor só falou a mesma coisa". E ele: "Calma, professora. Quem é Juarez fulano de tal?". E nós nem lembrávamos mais da história. Disse: "Pois é, Juarez, eu sou representante do governo e estou aqui para entregar carteiras novas para toda a escola". Eu queria morrer. Pedi mil desculpas.

Nós gostávamos muito de trabalhar com os pais. A gente tinha a Associação de Pais e Mestres, todo mês a gente tinha reunião. Havia aquele congraçamento no fim do ano. Os pais participavam, mas não dá para se basear só pelas minhas classes porque elas eram sempre classes muito boas. Destas que os pais pedem para ir, de pais com nível bom. É claro que sempre tinha os que não participavam, mas a grande maioria era boa. Mas para mim, todos são iguais; eu sempre tratei todo mundo igual.

Na verdade, eles são e não são iguais. Cada um é um, único no universo! Eu recebi, uma vez, um menino de uma escola, o apelido dele era Zero. Um menino tímido, quietinho, mas que só tirava zero em matemática. Chegou na escola e o que ele conseguiu fazer foi um 4 lindo. Eu disse: "Olha, eu não vou ver nem as suas contas, porque o seu 4 está lindo. Por seu 4 você merece 10". Elogiei seu esforço frente aos colegas. Sabe que ele chegou a passar? Auto-estima!

Minha filha quase morreu por causa disso. Ela veio desmaiada da escola no 2º ano. Chamaram um táxi e mandaram o servente trazê-la. Desmaiada... Eu chamei o doutor Osnei, correndo... Quando ela voltou do desmaio, disse: "Ai, por favor, doutor, opera minha cabeça que a professora disse que eu tenho minhoca na cabeça". Como é que uma professora fala uma coisa dessas? Precisa pensar antes de falar!

O nosso trabalho era muito gostoso. O que se dava de poesia... Nós trabalhávamos a apreciação, a habilidade para pesquisa e interpretação, a consulta ao dicionário. Nós trabalhávamos as atitudes, os altos valores, como o respeito, o amor ao próximo, o amor à pátria. O Hino Nacional, a gente cantava sempre.

Como a gente trabalhava! E dava as coisinhas bem direitinho! Naquela época, a escola era formadora da obediência às leis. Era inconcebível deixar as crianças falarem mal do governo! A gente explicava que todo mundo é limitado. Aluno é limitado pelo pai, pelo irmão mais velho, pela mãe, pelo professor. O professor, pelo marido, pela mãe, pelo pai, pelo diretor e assim vai, até o presidente da república. A gente tem que respeitar. Primeiro lugar, Deus, depois a pátria. Seu pai que votou. Não é bom, na próxima não vote na mesma pessoa. Nós não temos o direito de falar de alguém que a gente escolheu.

Hoje, eles xingam o cara, amanhã, eles votam no próprio. Eles xingam hoje, depois votam nele, é só oferecer uma coisinha a mais, eles votam. Ah, não! Tem que respeitar as leis: Posso não gostar delas, é um direito meu, eu não gostar. Quantas vezes eu assinei um comunicado, e entre parênteses: "sob protesto". Quantas vezes o diretor veio chamar a minha atenção: "Dona Maria, eu posso impetrar um processo administrativo por causa disso". E eu dizia: "escrevo de novo 'sob protesto'". Era um trabalho também de valorização individual. Tudo isso precisa ser trabalhado para o aluno porque ele precisa aprender a ver, a identificar.

Quando eu ingressei na rede pela segunda vez, para dar aula para o antigo ginásio, via lá na escola professor primário entrando com giz e apagador para dar aula. Imagina, pro 1º ano, o 2º, o 3º... Comigo cada dia levava um material novo, um roteiro, uma dramatização. Era sempre a apoteose! E dava tempo, viu? Porque eu dava português e matemática, e em português você tem que corrigir o aluno, não o papel. É fácil pra você corrigir a redação, marcar os errinhos, e mandar passar a limpo... Mas a criança aprende? Eu acho que não. Comigo era assim, eles faziam a auto-correção. "Vamos mudar o adjetivo daqui, tá com muito adjetivo ou não? Falta adjetivo ou não?". Quer dizer, a gente ficava até o intervalo, duas horas e meia só com português, escrevendo e lendo. O que eles conheciam de autores...

Todo dia eles tinham uma redação pra casa, mas eu não conseguia ler todas todos os dias. Daquele monte, eles já sabiam, eu sorteava uma. Nunca teve briga, eles entendiam. Então, eu punha na lousa do jeitinho que estava, parágrafo, letra minúscula... Do jeitinho que estava. Um queria corrigir mais rápido que o outro, sabe? Eu não gostava nada que o aluno não entendesse. "Não entendeu, pergunta. O governo paga para a Dona Maria para ensinar vocês." Olha, tem dez senhoras que querem aprender tricô comigo. Eu dou aula para as dez do mesmo jeitinho. Termina o mês, uma não faz nada. Eu ensinei pra ela ou não? Não. Claro que não. Então, não posso considerar que ensinei. O governo me paga para eu ensinar. Sempre falei isso pros meus alunos. "O dia que vocês me pegarem lendo uma revista no horário em que vocês fazem prova, vocês não têm o dever, mas o direito de ir lá se queixar para a diretora".

Como eu exijo muito, eles também tinham que exigir de mim. E outra coisa, se eu prometo, eu cumpro... rindo, chorando. Falo: "Olha, gente, prometi no momento errado, estava com raiva... Prometi, estou arrependida. Mas vou cumprir porque eu prometi. Sinto, mas eu sou assim." Mas era uma vez só. Verdade!

Eu sempre cuidei muito das classes em que lecionava, pintava a minha classe, eu encortinava a minha classe. A minha classe sempre era bonitinha porque eu ensinava que eles precisavam ter uma casa limpa, não precisa ser chique, mas ser limpa. Nossa! Sala esburacada, feia, não acontecia isso. Eu sempre tive mães que davam muito apoio. A Célia era desse tipo de mãe: "Maria, você esgana aí que eu esgano aqui".

Era diferente. As mães que podiam davam coisas para os alunos carentes. E nós tínhamos Caixa Escolar.

Eu sempre tive diretores bons. Tinha reunião pedagógica em que eles davam orientações. O Samuel Barone falava: "Primeiro, o aluno; segundo, o professor; terceiro, o diretor." Ele fazia isso mesmo. Naquela época não podia trazer aluno de fora, pobre. Mas um outro diretor, o José Carlos, lá pelas 8, 9 horas saía, e voltava com um monte de molecada para tomar sopa. E com medo de que alguém denunciasse. Eu achava isso a coisa mais linda do mundo!

Eu sempre quis ser professora, desde criança. Tinha uma tia professora, mas não acho que isso tenha me influenciado. Aposentei-me duas vezes... Aposentaram-me... O departamento médico. Eu não queria me aposentar, mas tive glaucoma e artrose generalizada. Fui readaptada, não enxergava mais, eu caia na escada, vivia caindo.

Tenho duas filhas, uma é professora. Sofre também. Diz: "Mamãe, a senhora não iria agüentar. Os alunos são terríveis".

Outro tema que eu dava pros alunos era a escravidão: "Os frutos do café são glóbulos vermelhos do sangue que escorreu do negro escravizado". Ainda me lembro... Não é lindo? Eu sinto saudades. Eu comecei a ler o material e chorei.

Eu morava na cidade próxima à Cotiguara, em um hotel, e dava aula numa escola em que o trem passava na frente, a uns 100 metros. Ficava lá das 9 e meia às quatro. Mas o trem só passava às 5 e meia, de volta. Eu tinha tempo. Então, fiz uma horta. Plantamos uma bananeira. A hortinha estava uma beleza, as bananeiras já grandinhas. Um dia, eu estava dando aula, quando olho: boi... uma boiada... com a cara na janela, na porta. Eu nunca tinha visto isso. Peguei os pequenininhos, pus em cima da mesa comigo, e os outros embaixo da mesa, em volta. E comecei a reclamar: "Como é que o senhor teve a coragem de trazer uma boiada por aqui sabendo que tem escola? E a minha horta? Comeram tudo". Eu chorava, chorava... Ele disse assim: "A senhora pode descer da mesa". E conversou comigo, muito educado. "Não, o senhor vai fazer uma cerca". "Ah, mando fazer... A senhora quer como?". "Pintadinha de preto com aqui em cima branco." Ele mandou fazer do jeitinho que eu pedi. Um belo dia, o Edivaldo, meu marido, disse: "Maria, eu trouxe um amigo pra jantar". Quando o homem olhou pra mim, disse: "Eu já conheço... a menina dos bois! Eu mandei fazer a cerca pela sua ingenuidade. Edivaldo, você precisava ter visto ela em cima da mesa com meia dúzia de crianças ao seu redor." E eu pensava que nós íamos morrer, que era o holocausto...

As coisas também eram difíceis, mas eram dificuldades diferentes. Hoje tudo é visto como distância na hora de ir dar aula. E o professor não tem tempo de preparar aula. Mas isso é hábito! Toda vida eu preparei aula. Hábito! Pois hoje, se eu dou um jantar, eu marco tudo o que vou fazer, depois, o que vou servir. Na hora, eu olho pra ver se eu não me esqueci de nada.

Meu marido não queria que eu lecionasse porque lecionava no Monte Alto. E não tinha ônibus pra ir pra lá. Você tinha que se levantar às quatro, quatro e meia, ir lá na saída da cidade, para esperar uma carona. Éramos quatro nessa mesma vida. Às vezes pegávamos carona com um caminhão que ia pegar tijolos. A gente carregava junto o tijolo, porque às oito horas precisávamos estar em sala de aula. A mão ficava raspada, sangrando, gotejando. E isso era normal. Imagina que a gente ia ficar reclamando pro governo que ganhava mal! Sábado não tinha a condução de volta, era muito raro, e a gente vinha a pé. A gente ganhava banana, fruta, vinha carregada, sabe? No meio do caminho, ou menos, um pouquinho que andássemos, já deixávamos parte dos presentes. Sempre com um bilhetinho: "Podem comer sossegados. É da professora que não agüentou levar até Candeias", porque, senão, eles pensavam que era feitiço. Era tamanho o cansaço que a gente não aguentava. Porque 1 quilo carregado por 10, 15 minutos, tudo bem. Mas eram 11 quilômetros... Mas aquilo era uma delícia. A gente era moça, e moça não pensa. Eu era uma tonta.

Como meu marido não queria isso, dava as faltas máximas que eu podia, fugia um dia e ia. Brigava. Iam me buscar na rua. Eu dizia: "não adianta que eu não deixo de lecionar. O pai me estudou com muito sacrifício e eu adoro lecionar". Depois que tínhamos feito o Grupão lá, de madeira, lindo, maravilhoso, imagina que eu ia largar! De jeito nenhum! Ninguém manda em mim. Eu faço tudo pra viver bem, mas tem que respeitar como eu respeito. Ninguém é dono de ninguém. Não é verdade? Nós somos sócios, casamento é uma sociedade.

Algumas amigas minhas desistiram de dar aula depois do casamento. Preferiram ser dondocas, fúteis, pelo amor de Deus! O que eu negociei foi minha vinda para uma escola da cidade. Me casei em fevereiro de 49... agosto, já estava no Cláudio Ribeiro. Mas foi só. Mesmo depois dos filhos não parei de trabalhar; só no período da licença. Veja, meu amor pelos alunos chegava a ser burrice. Havia aqueles cursos para os quais você era dispensada das aulas. Imagina que eu deixava a minha classe! Eu só assistia nos horários em que não tinha aula. Isso não é mais amor, é burrice! Mas eu nasci pra ser professora. Não sei como se descobre isso, de onde vem a descoberta da vocação.

Dissabores, dificuldades, tristezas, se eu enfrentei, já esqueci.

4. Dona Filomena por Dona Filomena

Um encontro definitivo

Eu formei na Caetano de Campos. Minha irmã formou no ano seguinte. Eu tenho 80 anos completos. Tinha 20 anos quando ingressei em Almino Mercante. Porque naquele tempo a gente ingressava... Almino Mercante era longe de Candeias, agora é meia hora. Naquele tempo... cheguei até a pousar na estrada porque era barro, aquelas pipinhas, aquelas jardineiras. Fiquei pouco tempo. Minha filha fez o primeiro ano no Cláudio Ribeiro. O filho dela é médico, ortopedista, traumatologista. É um crânio!

Depois, os dois passaram pro Colégio São Pedro. Não tem mais o Colégio São Pedro. Eu fui professora da minha filha no segundo ano; do meu filho, não. Passei 1 ano lá em Almino Mercante. Em Candeias não tinha grupo, eram escolas isoladas que depois viraram 2 grupos: o Cláudio Ribeiro e aquele que agora tem no Lago. Como não cabia tudo no Cláudio Ribeiro, esse grupo trabalhava no fundo da igreja, no porão. E trabalhava só 2 horas e meia, não tinha recreio, não tinha nada. Lecionei só no Cláudio Ribeiro e na escola de Almino Mercante. E em 99% com salas femininas. Só em Mercante lecionei em uma sala mista. E vou te dizer, sempre classe selecionada. Porque as mães, no fim do ano, já escolhiam as melhores professoras. As mães já deixavam o nome para a formação das classes do ano seguinte. Eu peguei quase sempre classe igual, classe homogênea, classe de alunos adiantados.

Ah! uma vez eu peguei uma classe masculina sim, me parece, eu lembro. Tinha até um alfaiate, um engraxate, um engraxatezinho, pobrezinho. Eu me lembro que eu peguei, mas agora eu não sei se era mista ou se era só masculina. Mas 99% foram classes só femininas. Até quando eu me aposentei.

Quando a gente entra, a gente escolhe o período que tá vago, né? Porque todo mundo gosta de dar aula cedo. Depois deste período inicial, sempre peguei o primeiro período. Mudei-me para ali pertinho do grupo; subia a ladeira ali, eu já estava na escola. Aliás, eu ia até pelo fundo porque tinha os portões.

Lá em Mercante, os alunos eram mais pobrezinhos. Vinham a cavalo, e o guarda-chuva era um saco, feito capuz. Mas eram muito mais estudiosos, muito mais educados.

Escolhi Almino Mercante pensando que fosse Vila Mercante, um bairro de Candeias. E naquele tempo eram quase 2 horas de viagem até lá. Fiquei até com vontade de largar, mas era tão difícil de ingressar. E antes de ingressar tinha uma vida muito dura. Durante uns três anos eu saía segunda-feira de casa, em São Paulo, ia lá para Guarulhos, como professora substituta. Era muito difícil. E então ingressei e fui parar, por engano, nas Escolas Isoladas de Almino Mercante. Tinha que tomar uma jardineira e penar. Nunca chegava no horário certo nos dias das reuniões. A gente chegava, já estava tudo começado porque era muito longe e difícil. Era aquela luta! Luz, lamparina, vela, poço... Delegacia de Ensino, diretoria, inspetores, tudo era em Candeias.

Eu demorei dois anos para ingressar, por isso, apesar da dificuldade, preferi entrar porque não sabia o que poderia ser no ano seguinte. Além do mais, em São Paulo também era difícil. Para ir para Guarulhos, eu pegava carona com caminhão de lenha, de carvão. Ia na cabine junto com o motorista; não sabia com quem ia... Ia com Deus.

Lá no Cláudio Ribeiro eu conheci a Noemi. Eu conheço muito a família dela. Eles são protestantes. Eu tenho uma comadre minha, muito amiga dela. Nunca mais a vi. Nunca mais fui lá porque não tive muita convivência com a família do meu marido, porque eles são espíritas. Eu sou católica e eles sempre fazem esforço pra levar a gente lá.

Lá também conheci a Odete. Ela toda vida foi ótima professora, foi professora da minha filha. Ótima ao extremo. Mas nunca teve conversação. A Maria também era boa. Minha filha tinha horror da Odete porque ela puxava os cabelos das alunas. Mas era 100% pra ensinar.

Não podia ter castigo, só coisas como deixar ficar de pé. Aquele aluno que acabava logo correndo pra ficar conversando, era só perguntar: "Então, você não vai fazer mais? Não quer fazer? Então, fica de pé aí pra dar sossego". Mas não podia não. Às vezes, de vez em quando, a gente dava, né? Uns castiguinhos, aí. "Escreva 50 vezes aí: 'tenho que ficar calado! Tenho que ficar calado'!". Porque tinha criança inquieta. Aliás, tem até hoje, né?

Nas escolas isoladas as mães exigiam castigo. Diziam: "Ele é terrível! É terrível! Se a senhora não segurar, não revidar, a senhora não faz nada com ele". Estes apanhavam... Não o aluno bom, mas levavam uns puxões de cabelo. Uns apertões no braço, na orelha... Mas as mães punham os filhos ali e exigiam isso. Minhas filhas estudavam no Colégio São Pedro e ficavam de castigo atrás da porta.

Mas as crianças não eram fáceis. Uma vez, começou um falatório na escola que depois foi abafado. Isso eu me lembro bem porque a professora não queria mais ficar na classe. Um aluno do 4° ano primário abriu a calça... Do 4° ano. A professora falou para o diretor que não entrava mais lá. Trocou de classe... Ela era uma ótima professora, muito brava. Isso tudo há 50 anos.

Mas hoje também está desse jeito. Ontem na televisão um médico disse que com cinco anos a menina já deve começar... a menina já deve começar a passar pelo ginecologista. Cinco anos! Hoje em dia, a menstruação vem com 11 anos. Nessa idade elas já estão falando tudo sobre camisinha. Tá desse jeito. Agora, aquele ano, naquela data, aquele menino fazer uma coisa dessas...

Por isso eu só dava aula para meninas; todas selecionadas. Com elas era mais fácil: "A senhora não fez a tarefa?". Uma chacoalhadinha. "A senhora quer um 10?" Outra chacoalhada. Se você quer ensinar... Eram as mães que escolhiam porque eu passava 98, 100% da turma nas provas que vinham da Delegacia de Ensino. Eu ganhei um prêmio de ficar 5 anos sem faltar. Por isso que eu escolhia a classe em primeiro lugar. Nunca cheguei atrasada, nunca um ponto meu foi retirado.

E era difícil o dia em que não ganhava bolo. Na hora do recreio, a mãe ia, levava bolo pra classe. Naquele tempo as mães davam valor pro professor. Hoje, não dão. Hoje ele está apanhando. Lá em Almino Mercante, nunca ganhei tanta lingüiça.

A minha família era pobre... não pobre, mas trabalhadora. Meu pai e minha mãe eram trabalhadores e eles tinham venda. Éramos em três irmãs. Não sei se eu gostava de estudar, mas a escolinha era pertinho da casa onde a gente morava. Eu tive 3 professoras ótimas. Não sei se eu gostava de estudar... A minha irmã que hoje é viúva dizia que eu era muito inteligente, que eu captava logo a coisa e aprendia. Pra eu entrar no Caetano de Campos, fiz o 4º ano no Estado. Aí, fiz um preparatório. Vou contar uma história de que tenho orgulho: A filha de um professor meu era do normal. Ele pedia para que eu fizesse as redações dela. É que eu lia muito. A gente não tinha cinema, não tinha rádio, então eu ajudava meu pai no balcão e depois ia nos brexós (que hoje são sebos) e pegava aqueles livros de ilusão. O meu divertimento era pegar os livros. Minha mãe sempre perguntava: "você ainda está estudando?". Que nada! Eu estava lendo um livro. De lá montei meu mundo de redações. A minha irmã que já faleceu nunca quis estudar; só aprendeu a costurar, bordar... A outra, que está viva, entrou no Caetano um ano depois de mim. Foi professora um tempo, mudou para a área da saúde e depois voltou para a escola. Dizia que não aguentava a falta das crianças.

Quando eu prestei o exame para o Caetano de Campos, não consegui lugar de dia porque era muito difícil, muito concorrido. Fui à noite. Entrava às sete e saía às onze. Onde eu morava não tinha luz, nem passava o bonde. Meu pai andava uns cinco quarteirões para me pegar no ponto do bondinho. Eu saía da escola, andava um pedaço, pegava o bonde pra encontrar meu pai. Naquela época não tinha gente velhaca, mas meu pai ia me buscar todos os dias.

O Caetano de Campos era uma escola ótima. Eu me lembro de quase todos os professores. Era como se fosse a USP hoje. Nem sei, porque a USP agora é um acúmulo de apadrinhados, não é? Antigamente, não! Então não vou comparar o Caetano de Campos com a USP de hoje. O Caetano de Campos todo mundo conheceu.

Eu tenho uma filha e uma sobrinha professoras (esta, filha da que também se formou no Caetano de Campos). Mas minha filha já se aposentou. Ela trabalhou muito, porque se separou do marido quando um dos filhos ainda tinha uns quatro anos. Lecionava em três períodos e fazia habilitação aos sábados lá em São Caetano. A coitada trabalhou tudo isso e nunca ganhou prêmios por não faltar. Com o seu dinheirinho é que comprava um carrinho... Quando comecei a trabalhar, o namorado da minha irmã era tenente, ou sargento, ou cabo. O meu salário batia o dele longe. Era aquele dinheiro que a gente fazia tudo e ainda guardava pra fazer enxoval, pra visitar os pais nas férias. Hoje, ele ganha 7000 reais e eu não ganho nem 1000. E não foi só soldado que teve aumento. Todas as profissões. Só a professorada que ficou rastejando. Se não der aula em escola particular... Não sei quanto está o ordenado de uma professora primária, mas muito bom não está, porque senão a gente ficaria sabendo. Minha filha, com aquele tanto de curso e de trabalho, se aposentou com 120 reais a mais do que eu.

Eu me aposentei com 25 anos de trabalho. Já estava cansada de trabalhar com criança. Aliás, nunca gostei de ser professora. Se falar que gostava de dar aula, vou estar mentindo. A verdade é que quando eu trabalhava, eu esquecia de tudo: de casa, de filho... Mas também não levava nada para fazer em casa. Pra corrigir, eu corrigia na classe: "Fulano, o que você fez aqui?". Queria dar conta daquilo e passar todo mundo no fim do ano. Porque naquela época a aprovação era feita através de provas que vinham de órgãos centrais. Não era o professor que decidia pela retenção ou aprovação. Às vezes, depois das correções das provas, antes da divulgação dos resultados, eles chamavam o professor para tirar uma dúvida sobre um ou outro aluno que tivesse ficado "no meio do caminho" entre a aprovação e a reprovação. Eles diziam: "nós achamos que ele pode ser aprovado, e a senhora, o que acha?". Eu sempre dizia que sim, pois o aluno tinha assistido a mesma aula que os outros, e eu queria que todos fossem aprovados. E nós sabemos que nem todo mundo é inteligente.

Meu sogro morreu na véspera de um desses exames. Ia ser enterrado no dia. Eu tinha 58 alunos, 45 matriculados e 13 ouvintes. Mas a prova e os resultados vinham para todos. Eu estava lá no velório, pra sair o enterro e pensei: "Estão todos fazendo o exame. Seja o que Deus quiser. Eles estão preparados". Uma professora do outro grupo foi lá ajudar; ela era protestante. Eu acho protestante uma gente mais justa, não é falsa. O católico está melhorando por causa do padre Marcelo. Naquele grupo do Lago, 99% dos que trabalhavam lá eram protestantes. Todos da igreja da Noemi. Eu avisei pra ela ajudar uma fulana, se ela pudesse. Quando vieram os resultados, ela foi me avisar. Todos tinham passado. Aí eu perguntei: "Até Fulana?". E ela: "Até fulana!" Eles não acharam diferença daquela no meio das outras.

Tinha inspetores mais benevolentes, pois era curso primário. Assim como diretores; havia uns de mais conversa. Na hora do recreio, vinham conversar com os professores. Outros, controlavam a entrada dos professores. Se um estivesse subindo a escada, no último degrau, para assinar o livro-ponto com um segundo de atraso, ele tirava o livro. Eu nunca, graças a Deus, precisei disso. Depois da missa de 7º dia da minha mãe, eu ia chegando e o diretor, o Seu Renato, já foi falando: "A senhora já assinou o ponto? Mas a senhora trouxe o atestado de óbito?". Eu tinha esquecido em casa o atestado de óbito. Falei: "O senhor pode mandar lá o seu servente. É que eu saí tão às pressas...". "Bom! Bom! Vou relevar". Se não tivesse havido essa conversa, ele ia mandar descontar... Ele passava medo!

A exigência com os alunos meninos era maior do que com as meninas. Isso porque a menina geralmente ia ser costureira, dona de casa. Se virasse professora ia ser bem dedicada. Mas os meninos tinham que saber bem a tabuada, não podiam ficar sem saber uma conta de multiplicar. Por isso havia inspetores e diretores mais benevolentes.

Eu era brava, muito brava, mas os alunos não cansavam de me trazer presentes. Eu era brava, não brincava, não. Não vou falar que eu era mansinha, que eu era dessas que tem por aí: "Meu benzinho! Amor!". Mas eu elogiava sempre os alunos: "cê tem que estudar mais para chegar até Fulana". "Se você estuda só um pedacinho, nunca vai ser igual a Fulana". Sempre fazendo comparações e procurando estimular. Mas eu não podia dar a mesma nota. Pegava uma redação com 5 linhas, que contava o caso em poucas palavras, e outra que tinha feito tudo pormenorizado. Você podia dar a mesma nota? Então, eu fazia uma ler a da outra. Muitas mães vinham reclamar. Mas depois que eu explicava, falavam: "Ah! fez muito bem, doutora. Quando a senhora fizer outra vez, manda ela levar a reprodução melhor para casa". Depois mandavam um pedaço de bolo para mim. Mas às vezes eu tinha que falar: "Pensa que vai se sair bem só porque você me trouxe um bolo?".

Minha filha nunca deu um grito com uma criança; eu, não, eu gritava mesmo. "Pra que você veio aqui? Pra fazer tudo mal feito?". "Ah, eu vou passar a limpo." "Mas agora não dá mais tempo e eu vou dar nota nisso daqui mesmo." E eles tinham medo de mim. Mas não tem jeito, tem que ser realista. Além disso, as mães sabiam que eu era brava, que eu gritava... Eu não dizia "ah, benzinho, não deu tempo? Coitadinha", eu gritava, mesmo. Eu nunca fiz dengo, porque não queria ensinar a ser o último. A gente tem que ensinar sempre a ser os primeiros, não é? A Noemi vivia dizendo que eu era brava. Deve ter dito pra você que eu era brava.

Mas só sei que aposentei na hora certa, graças a Deus! Minha filha adorava dar aula, mas eu nunca gostei. Pra mim era só um trabalho. Eu cheguei a me aposentar mais depressa porque contei aquela licença-prêmio em dobro. Quis sair logo, o mais rápido possível. Mas quando eu entrava nas classes, não tinha o mundo lá fora, e ali eu era brava. E não faltava classe pra mim, a mãe punha a filha comigo; eu não ia pedir. No começo do ano eu já tinha a minha classe formada. Porque quem montava as classes eram os diretores, mas eles atendiam os pedidos dos pais. Às vezes, as mães vinham: "Eu gostaria que a minha filha entrasse com a senhora". Eu ia, falava direitinho com o diretor. Ele acabava aceitando. Mas é claro que havia diretores amigos e outros carrancudos. Sempre tem uns porcarias.

Assim como professores. Tinha uma professora que fazia tricô na sala de aula. Coitadinha! Coitadinha! Ela enchia a lousa e fazia tricô. Colocava a lã na gaveta e ficava fazendo tricô. Ela vendia pra fora porque professor não ganhava mesmo nada.

Naquele tempo, a mulher que trabalhava fora era professora. Noventa e nove por cento da mulherada que trabalhava era professora. Se não formasse professora, não trabalhava! Hoje é diferente... Com todos esses empregos de hoje, eu jamais teria sido professora. Mas tem uma coisa, se eu estiver doente, vou procurar um médico, não uma médica. Mas professor, não, qualquer um escolhe a gente.

Eu dei aula quase sempre no 2º ano. Pegava as alunas já alfabetizadas. Minha filha pegava pra alfabetizar. Tinha um programa de ensino que vinha pronto. Se você quiser, na escola ainda deve ter. Daí era feito o diário ou o semanário. Mas o programa vinha do Estado, dizendo que tinha que dar isso ou aquilo. Que eu me lembre, nós trabalhávamos com ortografia: m antes de p e b, essas coisas. Ainda existe isso? Nem sei se estou dentro ou se já estou caduca...

A leitura tinha que dar também. Se não desse bastante leitura, eles não aprendiam a escrever nem a ler. Não aprendiam nada. Tinha que dar bastante leitura, ditado na lousa... Minha filha era boa alfabetizadora, eu não. Deus me livre! Eu nem gostava de alfabetizar! Na 2ª série as crianças já chegavam alfabetizadas, era só martelar, repetir e não ter preguiça de corrigir, porque, às vezes, numa coisa só eles tinham dez vezes o mesmo erro. Você corrigia e no outro dia tinha que corrigir também. E não pense que as mais ricas eram diferentes, tinham os mesmos erros. As belezonas, filhas de donos de cartórios, tinham um pouco mais de ambiente, mas erravam tanto quanto os outros.

Mas eu só pegava classe de meninas selecionadas. Peguei uma classe, não sei se mista ou só masculina, há muitos anos. Tive um aluno, um engraxatezinho, coitadinho, mas era um crânio, aprendia tudo. Sabe, menino elogia muito mais a professora. Se você quiser elogios, é melhor pegar classe de meninos. As meninas são mais fofoqueiras; qualquer coisa que você faça em um dia, no outro está todo o mundo sabendo. Com menino, não. Ele aceita mais a represensão sem contar pra mãe. A mãe chega pra reunião e quando você comenta da bronca, ela diz que não sabia, que o filho não tinha contado. Hoje eu não sei se é assim. Naquela época, quando alguém elogiava, quando alguém comentava que a filha tinha aprendido, eu falava: "Ela vai bem porque estuda, e estuda porque eu mando". Não precisava chamar os pais na escola porque eu dava meus gritos, e no fim do ano passava todo mundo. Os pais vinham me agradecer. Quando eram pais muito pobrezinhos, eram melhores ainda. É melhor lidar com gente humilde porque a mãe acha tudo que você faz bom. Ela não vem com presentes pra você, mas vem te dar um abraço; e no fim do ano mata um boi. As de mais dinheiro, mães de algumas sujeitinhas, nem vão procurar e gostam de reclamar do que têm em casa.

Eu tive muita sorte. Tive amigas e comadres professoras que me ajudavam na confecção do diário e do semanário. Eu tinha as crianças pequenas e elas faziam pra mim, ajudavam a fazer o planejamento. Porque além das aulas e dos filhos, no domingo tinha a casa pra cuidar. Era duro, não era fácil, não! Elas eram novas, novatas, e entendiam da escola como quem já tinha bastante tempo de trabalho. Elas liam, estavam em dia, conheciam bem o programa que o diretor cobrava. Elas me ajudaram muito. Porque tinha diretor que não exigia nada, mas tinha diretor que passava pelas salas, espiando pelos vidros, bem no cantinho, vendo quem ficava de pé, quem ficava sentado, quem fazia tricô... Você dizia que ia ensinar tal coisa e depois ele pedia os cadernos para ver se você tinha realmente dado aquilo.

Inclusive, havia proteção também. Algumas professoras conseguiam facilmente uma licença, outras não conseguiam nem doentes. Tudo isso existia na carreira da gente. Até esposa de chefe que copiava o nosso semanário e a gente tinha que ficar quieta. Mas às vezes tinha reunião na diretoria. O diretor via os melhores trabalhos dos melhores professores e dos melhores alunos.

Era assim que eu ganhava o meu dinheiro. Nunca gostei de dar aula, mas de ganhar dinheiro eu gostava. Sabia que para ganhar, precisava trabalhar. Nunca gostei de ficar martelando na cabeça dos outros, sabendo que no fim do ano eles tinham que passar. Mas eu nunca deixei repetir... Nem aquele de sítio, que vinha na chuva com o chapéu de saco de estopa. Se ele tivesse dificuldade, eu ficava a semana inteirinha com ele. Algumas amigas diziam: "a senhora se mata aí com os alunos e diz que não gosta?". Mas eu não gostava de dar aula e ver que uns aprendiam, outros não. Gritava com eles: "Você vem porque quer". Dava uma raiva...

Mas no meu tempo de aluna era pior. Os professores passavam até pimenta. Se você não soubesse a tabuada direito, tinha que ajoelhar no milho. Na escola e em casa. Pimenta eu nunca levei; ajoelhar no milho, já ajoelhei. Em casa, meus pais diziam: "se não tiver nota tal, não come tal coisa". Os apertõezinhos que eu dei não foram nada em vista daquele começo. Mas isso é passado de 70 anos...

Os alunos gostavam da gente. Hoje, eles têm raiva, principalmente aqueles mais lentos. Os mais demorados têm mais ódio ainda. Eu não sei por quê. Porque eles não aprendem, eles não prestam atenção, não têm maturidade... Na classe, você logo percebe o aluno que vai e o que não vai, né? Eu acho que naquela época eu conseguia aprovar 100% porque não existia tudo que existe hoje. Hoje, você vai num show, você vai assistir a um filme. Você tem tudo, menos o tempo pra estudar. Antigamente, não.

Eu fui trabalhar em Candeias e acabei me casando com um moço de lá. Mas ele nunca me pediu para deixar o emprego. Se bobeasse, pedia para trabalhar dobrado. Porque o dinheiro era bom. Mas assim que me aposentei vim embora. Saí de Candeias em 71 e nunca mais voltei. Não tenho um pingo de saudades e, se Deus quiser, jamais pisarei lá.

Capítulo III
Algumas questões sobre a escola revisitadas

1. Breve comentário sobre as entrevistas

A escola do passado e do presente se entrecruzam nesta análise, não tanto como elementos a serem comparados, mas sobretudo como uma presença, ou mais, uma realidade, nos discursos das professoras.

Afirmações hoje presentes nas escolas foram abordadas informalmente pelas professoras. É interessante notar como a temática do professor não se alterou da década de 1940 para a de 1990. Autoridade, poder aquisitivo do professor, problemas de indisciplina, número de alunos por sala, relação professor-diretor, professor-instâncias de poder, participação dos pais, formação do aluno, além daqueles aspectos diretamente voltados para a sala de aula, são assuntos abordados pelas duas gerações. O que muda essencialmente são as prioridades ou ênfases nos discursos e a visão que, digamos assim, o passado tem em relação ao presente e vice-versa.

Outro aspecto a ser ressaltado é que os relatos aqui apresentados são uma reconstrução das entrevistas concedidas pelas professoras cujas gravações, de três horas em média para cada encontro, foram transcritas e sofreram ajustes com a participação delas. Ainda assim, muito do clima dos encontros se perdeu.

Dona Maria, por exemplo, tão solícita desde o início, estabelecia uma relação muito próxima àquela que descreveu como a que costumava ter com seus alunos: sem dissabores, sempre a apoteose. Com Dona Filomena, o contato teve um grande apelo físico que, por razões óbvias, não se explicita no texto escrito. Em muitos momentos, os apertões destinados aos seus alunos do passado foram empregados em meus braços.

Nesses contextos não verbais, a ordenação do fluxo da palavra ganha significado. Além disso, outro ponto de partida para a compreensão da rede de sentidos dos depoimentos está naquilo que parece ser a autodefinição dada por cada uma das entrevistadas.

Ao longo das entrevistas, cada uma delas foi delineando não apenas o perfil da escola, como também o perfil que julga ser o seu. É importante resgatar aqui a ideia de que o falar de si implica na ilusão do saber de si. Ou seja, constrói-se uma ideia de si mesmo na qual se sustenta um processo de harmonização entre as exigências inconscientes e o que os processos conscientes conseguem suportar.

Nos relatos, fica evidente que Dona Maria se vê como alguém *prafrentex*, como ela mesma se define. Dona Noemi fala de si como alguém *ingênua*, sem maldade, no sentido até de malícia, no trato com os alunos. Já Vitória encontra no perfil de *lutadora* o símbolo que mais lhe agrada. E Dona Filomena assume o papel de *brava*, com muita honra. Do que falam e o que escondem essas autodefinições? Este é um enigma que se desvenda na tentativa de interpretação das falas, articulada à compreensão do vínculo estabelecido entre as professoras, suas histórias pessoais e a escola.

2. A escola no roteiro de uma história

Se pudéssemos procurar a afirmação mais frequente nas falas de Vitória, certamente seria a que trata de sua resistência nos locais onde trabalhou; e percebe-se uma estreita relação entre esta necessidade e sua situação de filha. Este processo social é particularmente difícil para Vitória, pois a situação de filha indefesa é tudo o que ela sempre procurou evitar.

O contato de Vitória com a escola esteve, desde o início, atrelado fortemente ao seu roteiro familiar. Sua mãe, professora primária cujo pai foi também professor, deixava a filha em casa para ir dar suas aulas.

Naquele tempo, mulher não trabalhava. Eu era uma das poucas que a mãe trabalhava. Quando eu estudei, a maioria tinha a mãe disponível. Eu não tinha, não, a minha mãe era trabalho mesmo.

Vitória relata que tinha ciúme da escola (e, portanto, dos alunos de sua mãe), por esta roubar-lhe a mãe tão frequentemente. Talvez por esta razão tenha querido ir para a escola antes da idade regular, conforme conta em sua entrevista. À época, Vitória não teve como reagir de outra maneira: pequena, queria sua mãe perto de si, mas não conseguia impedir suas saídas. Criança, não tinha instrumento de resistência capaz de reverter essa situação, nem tampouco condições de aceitá-la sem grandes impactos internos. É possível que nem verbalmente essa resistência tenha sido construída. Apenas um sentimento difuso de abandono, resgatado por ela em algumas passagens nas quais se refere ao tempo em que ficava na casa de sua avó, que era longe, e muita inveja, transformada em ciúme, da escola e das crianças.

Quando pôde externalizar verbalmente esse emaranhado, Vitória já o fez pedindo para ir à escola. Afinal, o objeto de seu ódio ou ressentimento estava de maneira indissociável identificado com sua mãe, a qual desfrutava de algo com outras crianças e que era negado à filha, tal como a fantasia de leite negado pelo seio mau. Aqui é necessário lembrar que a fantasia do bebê em relação à nutrição vinda da amamentação está associada também à ideia de criatividade da mãe. Nesse caso, a criatividade estava a serviço da "amamentação de outros filhos" e não da filha real. Indo para a escola, Vitória teve a oportunidade de ser nutrida tal como os outros.

Nessa dinâmica, Vitória tem seus alunos como irmãos e sua relação com eles é tão ambivalente como qualquer outra com esse grau de parentesco. Irmãos que foram amamentados pela mãe que a frustrou, mas irmãos que compartilham com ela a tarefa de preservar a escola, que em última análise é a própria mãe, e não deixar abater sobre ela as mazelas que os outros destinam para lá. Por um lado, rivais; por outro, aliados. Num trecho exemplar, Vitória fala o seguinte:

Quando eu digo pra você que a escola está no caos, não é por causa do aluno; o aluno está sendo vítima, igual o professor. É o adulto que está errando.

Vê-se aqui, nitidamente, o aspecto infantil presente na imagem de si mesma dentro da escola. Alunos e professores, crianças desamparadas, são vítimas da ação do adulto, papel que, na fala de Vitória, é assumido pelo Estado e, às vezes, de maneira bastante ambígua, pelos pais dos alunos, pelo diretor, ou pelos representantes da Delegacia de Ensino (D. E., atual Diretoria Regional de Ensino). Quanto mais se aproxima da escola, mais preservado fica o suposto responsável, pois mais se aproxima de uma ansiedade real de encontrar a mãe entre eles. Afinal, é a mãe a responsável pelo abandono original. Outros exemplos são ilustrativos destas relações:

"Ah, é porque a professora fez isso... a professora..." O diretor ouve tudo, ouve tudo. E ainda dá puxão de orelha no professor depois. Sabe, e a palavra do aluno é a que vale.

Eu estava me recusando a ir nas orientações técnicas (na D.E.), pra ouvir puxão de orelha de gente que, na minha opinião, não sabe tão mais do que eu...

É evidente que estes aspectos não podem ser analisados apenas à luz da dinâmica interna; muitas são as situações de tensão criadas pelas esferas de poder, desde o Ministério da Educação, a Secretaria de Educação, passando pelas Delegacias de Ensino, atuais Diretorias Regionais de Ensino, diretores etc. Mas o interessante é ver que esta tensão ganha uma forma própria de relação com a singularidade de Vitória, não deixando, contudo, de se manifestar como algo comum e, em alguma medida, generalizado. Uma certa descrença na instituição escola é geral e o mecanismo de colocar-se fora desta instituição, como um filho excluído, também. Mas as motivações e formas com que os professores fazem isso podem não ser as mesmas. De um imaginário social compartilhado, de que a escola hoje expulsa o professor que já foi peça fundamental para a sua constituição, pode-se antever uma articulação singular com os aspectos internos de cada sujeito. Afinal, o imaginário social é uma resposta a demandas externas que os sujeitos precisam harmonizar com suas demandas internas. E por essa razão, a escola é tão complexa.

A ambivalência amor-ódio relativa aos "irmãos" se faz notar porque os ataques destinados aos alunos, quando vêm, estão acompanhados de comentários em que parece haver uma gratidão herdada, de onde surge a tese de que o aluno "precisa de ajuda". Essa postura parece ter relação com aspectos vividos por sua família: sua mãe foi uma aluna muito pobre e, segundo Vitória, conseguiu ingressar na escola pública por ajuda de pessoas influentes; seu irmão, surdo, conseguiu vencer suas dificuldades graças à professora que se adaptou para alfabetizá-lo em uma sala de ensino regular.

Nos casos em que o objeto do ataque é mais distante, como o governo, esse processo não acontece. Não há integração entre aspectos bons e maus da instituição escola. Até aquelas iniciativas mais nitidamente voltadas para a informação da população, como o incentivo ao exercício da cidadania por intermédio da fiscalização dos serviços públicos, são vistas como propaganda contra o professor. Diz Vitória sobre os *kits* pedagógicos com seus equipamentos:

> A nossa (escola) tinha sido padrão e por já ter recebido muito investimento ficou um tempo sem a televisão grande. Então, tinha um aluno perguntando "cadê a televisãozona?", porque lá na propaganda tinha falado que "se a televisão não chegou na sua escola, tem que procurar não sei em que lugar".

Os ataques recorrentes ao poder aparecem também destinados aos escalões da D. E., e, excepcionalmente, aos próprios pares, quando estes passam a assumir funções de coordenação e, segundo Vitória, viram *capachos*. Contudo, há um abrandamento dos ataques, e isso não se refere a um senso de hierarquia, mas sobretudo à dinâmica que preserva o núcleo da escola de parte de seus sentimentos hostis.

A importância da escola na vida de Vitória passa por essas questões: não foi à toa que encaminhou seus relatos de maneira a evidenciar a necessidade de entrevista à sua mãe — não existe escola sem mãe para ela. Além disso, a identidade de professora construída por Vitória está sempre sob suspeita, pois sempre será a filha da professora e não propriamente a professora. Isso se faz notar em diversas passagens referentes a diversos períodos de sua vida. Exemplo disso é o trecho que se segue:

> Eu não tenho a experiência da minha mãe. Sabe por quê? Porque minha mãe tem uma dupla experiência, a experiência dela e a que ela viveu de novo comigo.

Por esta razão, um dos grandes desafios de Vitória é a busca da competência. É este o conceito que habita o imaginário social que, por deslocamento, assume um papel de redentor das mazelas do professor. Muitos são os livros da área da Educação que tomam a competência como o apelo mais forte de seus discursos. Ponto de partida e de chegada, passa de **um** aspecto entre tantos outros, para **o** aspecto necessário para o bom andamento do trabalho pedagógico. Um conceito capaz de proporcionar alguns passos para a área transforma-se em um grande jargão que ocupa o lugar do embate e da reflexão. Cristaliza-se como produto do imaginário que serve ao discurso ideológico de manutenção do professor no papel de "incompetente", ao mesmo tempo em que o angustia, imobilizando-o. Isto reduz o acontecimento pedagógico a uma mera questão de competência, conceito que, passado algum tempo, perde seu significado.

No caso de Vitória, por exemplo, por mais real que seja sua busca pela competência, no plano imaginário jamais conseguirá obtê-la para que assuma o seu próprio espaço. Por mais que faça, essa ameaça continua a existir, pois tudo que possa ganhar de experiência ou competência será apropriado também pela mãe, através dela. O trecho abaixo mostra que isso acontece desde o início de sua carreira:

> Um dia, uma professora, amiga nossa, colega da minha mãe, foi achar de fazer gracinha com meus alunos quando eu substituía uma professora. Eu defendi meus alunos. Achei que ela não gostou e disse pra ela que eu era tão professora quanto ela, que pra isso eu tinha me capacitado.

O período em que parece ter ficado mais preservada desta exigência interna foi aquele em que morou em outro município onde sua mãe não era referência a não ser para Vitória. Porém, esta relata que no momento crítico em que deveria tomar a decisão de ficar lá ou não, resolveu voltar.

É comum que os filhos passem por um processo de luto frente ao envelhecimento de seus pais e a progressiva substituição de seu papel produtivo. Mas não é isso que aparece nos relatos de Vitória.

Tanto a escola quanto a mãe foram idealizadas e o ódio destinado a ambas não foi integrado a elas. Foi escoado, ao longo da vida, para as esferas que pudessem ser exiladas no dia a dia, mas ao mesmo tempo, responsabilizadas pelos problemas da escola e pelas limitações que Vitória julgava ter. Perceber-se odiando a escola ou ocupando plenamente o lugar da mãe pareceu inconcebível para ela.

Os ataques destrutivos que, voltados para as esferas mais abstratas do poder, aliviaram a ansiedade de odiar o objeto amado, acabaram por incrementar o objeto mau com seu atributo persecutório, dificultando a integração da realidade da escola.

A relação que se estabeleceu entre mim e Vitória no processo de realização das entrevistas, também passou, em certa medida, por esse mesmo mecanismo, apesar da extrema simpatia com que me tratou (e acredito que seja incapaz de agir de outra forma mesmo com aqueles que julga os mais perversos). Vitória não deixou de falar da exploração realizada pela universidade em relação ao professor da rede — Vai lá, suga, não traz nada — a mesma ideia que Klein (1991) aborda como fonte de inveja: a fantasia de que o seio guardou para si aquilo que o bebê julgava ser dele e para ele. Dessa fantasia solidificada também decorre a ideia de um Estado que sempre persegue, mesmo quando propõe medidas que a agradam.

A gravidade presente no tom do relato de Dona Noemi é muito semelhante ao do de Vitória. Ambas têm, através da profissão, a árdua tarefa de carregar suas histórias de vida. A escola, tanto para a primeira como para a segunda, desempenha papel central na trama afetiva de cada uma. O mesmo não parece acontecer com Dona Maria nem com Dona Filomena.

É fundamental que este aspecto seja articulado com o fato de Dona Maria ter sido indicada para a entrevista e Dona Filomena, a princípio, não. A escolha das ex-professoras de Vitória deveria, inicialmente, ter sido feita a partir dos critérios estabelecidos por mim, que esperava encontrar os professores dos atuais professores. Entretanto, Vitória não apenas se recusou inicialmente a indicar o nome de Dona Filomena, da qual não guardava boas recordações, como insistiu na necessidade de entrevistas com Dona Noemi, sua mãe, e Dona Maria.

A primeira tem uma importância óbvia e já abordada neste texto; a importância da segunda só se configura no conjunto de seu depoimento. Desde o início Vitória afirmava a relevância de Dona Maria na escola do passado. Mas essa relevância foi ganhando os contornos mais claros através de suas histórias.

O que se evidencia é que enquanto Dona Noemi é muito importante para a escola cujos contornos são fortemente delineados por Vitória, Dona Maria e Dona Filomena representam a escola mais universal, mais próxima do que fora ofertado aos demais alunos, ainda que não menos afetada pelas marcas das experiências subjetivas de Vitória. Dona Maria ia além da sala de aula, com seus planejamentos e com a organização da biblioteca. Dona Filomena, com sua capacidade para tornar-se o protótipo da professora que amedronta, a depositária de todos os aspectos ruins da escola do passado. Eram as que poderiam ser porta-vozes: Dona Maria, da escola sedutora e próspera; Dona Filomena, da escola autoritária. Duas instituições diferentes dentro da mesma escola vivida por Vitória, quando aluna. Ambas tomando parte em uma dinâmica na qual o paralelismo com os mecanismos de cisão entre objeto bom e objeto mau, descritos por Klein (1991), são evidentes.

3. Da vocação à militância

A construção imaginária de Vitória, qual seja, 'estar destinada a ser boa professora', é irrealizável por duas razões que se complementam. Inicialmente, porque 'ser boa professora' equivale a 'ser como minha mãe', o que, por definição, é inatingível. Também por um aspecto histórico. Ainda que a primeira afirmação se sustentasse, 'ser **hoje** como minha mãe foi **no passado**' é impossível, especialmente em se tratando de uma profissão fortemente determinada pelas condições sociais tão cambiantes.

A primeira razão apontada é inacessível à consciência, posto que resvala em aspectos mais primitivos da relação mãe-filha, ou seja, do Complexo de Édipo. Para suportar a angústia resultante do irrealizável, resta, então, harmonizar as demandas profissionais externas com a argumentação mais acessível à consciência: a de que as condições objetivas de trabalho são as únicas responsáveis pelas dificuldades e por seu sofrimento.

Vitória atribuiu ao período ditatorial em que viveu grande parte de suas dificuldades — conscientes e inconscientes — em conquistar sua autonomia. A atuação política, em grande parte traduzida por militância no sindicato, parece ter sido fundamental para o resgate de um sentido de valor do professor. Vitória era importante na escola porque falava, porque sabia brigar, porque orientava os alunos para a participação discente, porque ensinava História e acreditava no poder da conscientização.

Por não ver plenamente cumprido o destino produzido por ela mesma na construção imaginária do que deveria ser um bom professor, passou a acreditar que foi impedida de fazer valer alguns de seus sonhos. Essa foi a harmonização encontrada por ela, pois ser bom professor equivale a dizer "ser como minha mãe", e Vitória avalia que jamais teria sido possível realizar o mesmo trabalho desenvolvido pelas antigas professoras. Não que Dona Noemi tivesse exigido, de fato, o sucesso da filha; trata-se essencialmente de um mecanismo interno da própria

Vitória que, em determinado período de sua história, foi incrementado pelo contexto político e que pode ou não ter encontrado o seu complemento nas expectativas de sua mãe.

Este também não é um aspecto restrito à história de Vitória. A ideia de que o professor do passado era melhor preparado habita o imaginário social, cristalizando as diferenças e imobilizando a reflexão e a ação do professor atual. Aquilo que ele considera como o melhor preparo do professor do passado não é outra coisa senão um bom preparo para a escola e para o aluno do passado. Os depoimentos de Dona Maria, Dona Noemi e Dona Filomena apontam para a certeza de que a grande competência que elas tinham não garantiria uma boa atuação no presente. Elas mesmas reconhecem que as exigências de uma criança ou jovem de hoje chocam-se com as expectativas que a escola e os professores do passado tinham. Ou seja, as professoras sinalizam para a ideia de que a instituição escola, apesar de ter surgido para atender às necessidades de um determinado grupo com demandas próprias, cristalizou-se ao ponto de ganhar vida independente. Isto passou a exigir de seus participantes um grau de adaptação muitas vezes incompatível com a realidade em que se inserem.

Porque cristalizada, no plano imaginário, não cabe à escola uma revisão de seu papel e de seus modelos assim como não se permite ao professor ser algo diferente daquilo que foram seus professores do passado. Isso se explica, em parte, pelo papel que nossos professores representam em nossas estruturas psíquicas. Superar estas figuras, lançar-se a campos não explorados por eles e desidealizar suas ações significa entrar no domínio do Complexo de Édipo, significa reviver as dificuldades relativas às figuras materna e paterna. Do ponto de vista das questões intrapsíquicas, este é um desafio para qualquer sujeito, evidentemente mais acentuado para uns do que para outros. Contudo, a dinâmica institucional e social que reforça a expectativa de uma escola "boa como a do passado" incrementa fantasias muito primitivas relacionadas a pais poderosos e, por essa razão, insuperáveis. Tais fantasias tendem a colorir a ideia de competência (ou falta de) com cores mais fortes, aumentando a pressão sobre o professor e dificultando que ele encontre respostas a suas demandas internas e externas.

No caso de Vitória, a luta política encontra importância aqui. Sua militância contra as más condições de trabalho ajuda-a, no plano imaginário, a definir ainda mais claramente para si e para os outros aquilo que a ameaça, os fatores que a impedem de fazer valer suas expectativas, seus desejos.

A gente precisa resistir, precisa resistir.

Ou:

(o professor envolvido) incomoda aquele que é indiferente, que cansou de apanhar. (...) Não faz parte da índole dele resistir; talvez não tenha tido formação para resistir.

Ou ainda:

Olha, eu estou saindo, eu estou saindo — eu falava. Alguém tem que continuar a minha luta. (...) Aí as pessoas falam com a maior indiferença. (...) falta compromisso e falta resistência. (...) porque quem gosta, resiste.

O termo resistência pode ter dois significados neste contexto: o primeiro, apresentado explicitamente por Vitória; o segundo, implicitamente construído no sentido do jogo inconsciente. A resistência vem manter a escola idealizada, à qual não se pode atribuir nenhum aspecto negativo, de onde a mãe boa nunca saía, deixando Vitória, quando fora dali, com a mãe que abandona. Essa resistência lhe custou sempre um grande investimento de energia. A energia dispendida na militância.

A palavra militância está ausente nos relatos de Dona Noemi, Dona Maria e Dona Filomena. A realidade escolar não aparece vinculada ao âmbito político propriamente dito em nenhum dos três relatos, exceto quando o Estado é colocado como responsável pela orientação curricular ou o provedor material da escola. Entretanto, Dona Maria mencionou o tema quando recordou a história de seu aluno que, tendo seu único uniforme rasgado na carteira velha, foi incentivado a escrever uma carta para o governador solicitando carteiras novas. Mas Dona Maria fez isso para conseguir que seu aluno parasse de chorar, para consolá-lo, não para que aprendesse a reivindicar seus direitos.

> Um dia ele rasgou a calça naquelas carteiras duplas... Tinha um prego. E chorou... e chorava dizendo que a mãe dele ia bater. Chorava, chorava, chorava e eu não sabia o que fazer com o menino. Pedi uma agulha, dei um jeito na calça, mas o Juarez continuava chorando. Aí tive uma idéia: "Vamos fazer uma coisa, escreva uma carta pro governador... pra ele trocar as carteiras, colocar aquelas individuais, bonitinhas, iguais às do ginásio".

Dona Maria, ao contrário de Vitória, aprendeu e ensinou que a crítica direcionada aos políticos não era própria de pessoas educadas. Contudo, o respeito pelo outro, que, para ela, traduzia-se pela aceitação das políticas educacionais centrais, pelo patriotismo e pelo culto à bandeira, não a impediram de discordar de atitudes de seus superiores.

> Quantas vezes eu assinei comunicado, e entre parênteses: "sob protesto".

A atuação de Dona Maria não levava o nome de militância ou resistência, não aparecia como tal e certamente não tinha o mesmo significado que tem a militância de Vitória. Mas em muitas passagens demonstrou ter contrariado padrões aceitos e consagrados, em nome dos interesses de seus alunos e da Educação: desafiou o Delegado de Ensino ao inovar com seu planejamento, apesar de sua discordância e do rendimento insuficiente de seus alunos nas primeiras avaliações; desafiou o representante do governador quando de sua presença na escola para a entrega das carteiras novas; exigiu a construção de cerca nas proximidades da escola rural em que trabalhava.

Quando foi agosto, estava dando aula, e entrou um rapaz: "Classe da dona Maria?". "Pois não?". "Eu posso entrar pra falar com a classe?". "Pode". O rapaz veio pra classe: "Gostam da professora?". "Gostamos". "Gostam da escola?". "Gostamos". "Das carteiras?". "Gostamos". "Muito bem, então vocês gostam da professora?", repetiu. "Otimo! Então, vocês gostam da...". Na terceira vez, eu pensei: "O homem é louco". E disse: "Meu senhor, o senhor veio a quê? Ou o senhor diz a que veio, ou vai embora. O senhor está atrapalhando a minha aula". Ele disse: "A senhora não acha que está sendo um pouco petulante?". "Petulante está sendo o senhor, entrando na minha classe. O diretor não veio junto, eu dei licença e o senhor só falou a mesma coisa". E ele: "Calma, professora. Quem é Juarez fulano de tal?" E nós nem lembrávamos mais da história. Disse: "Pois é, Juarez, eu sou representante do governo e estou aqui para entregar carteiras novas para toda a escola". Eu queria morrer. Pedi mil desculpas.

Ou

E comecei a reclamar: "Como é que o senhor teve a coragem de trazer uma boiada por aqui sabendo que tem escola? E a minha horta? Comeram tudo". Eu chorava, chorava... Ele disse assim: "A senhora pode descer da mesa". E conversou comigo, muito educado, "Não, o senhor vai fazer uma cerca". "Ah, mando fazer... A senhora quer como?". "Pintadinha de preto com aqui em cima branco". Ele mandou fazer do jeitinho que eu pedi.

De um lado, um discurso obediente; de outro, uma atuação fiel a princípios que nem sempre condizem com a obediência. Ao contrário, Dona Maria parecia não apenas saber obedecer, mas também reivindicar. Quando, na entrevista, perguntei a ela sobre sua relação com os diretores, afirmou ter aprendido muito com eles. Contudo, entrevista terminada, gravador desligado, lembrou-se de aspectos que a levaram a concluir: *também éramos muito cordeirinhos*.

Dona Filomena parece ter se organizado para mandar. Escolheu, ao longo de sua vida, situações em que pudesse exercer seu poder. Entretanto, é interessante notar que em todas as situações descritas, o poder que lhe permite ser ameaçadora para os outros, em especial para as crianças, vem sempre acompanhado por uma legitimação externa (dos pais, dos diretores, das provas da Delegacia de Ensino). Como se a possibilidade de discordância destas instâncias fosse mais ameaçadora para ela do que as suas ameaças direcionadas para os outros.

Para Dona Noemi, a militância, se é que pode ser chamada assim, era mais de ordem moral e religiosa que política. Apesar da consciência relativa aos domínios políticos ligados à Educação, sua bandeira parece ter sido a de resistir ao desmantelamento dos valores fundamentais do ser humano. Suas lembranças recuperam sempre este sentido. Suas histórias de sala de aula trazem sempre um aluno em busca de um norte, de uma orientação.

Se pensarmos que a autoridade paterna introjetada é um dos pilares da estruturação do superego e este, por sua vez, é a instância responsável por nossa capacidade de julgamento moral, é de se supor uma íntima relação entre esta tendência de Dona Noemi e as dificuldades advindas de sua situação de filha abandonada pelo pai. Um pai generoso, que doa de si quase o que não tem, sendo professor leigo, mas que deixa sua filha em um grande impasse e, muito provavelmente, com muita culpa: "quem é este que ao mesmo tempo ama a todos e abandona seus filhos? O que fiz eu de errado para não merecer seu amor tão abundante?".

O senso de justiça que se formou em Dona Noemi através do vínculo com seu pai foi posto à prova com o abandono. Sua mãe depositou nos professores a tarefa de reafirmar as qualidades de caráter do ser humano. É Dona Noemi quem relata que a cada descontentamento com algum professor, a mãe lhe obrigava a levar um doce para agradá-lo. Dona Noemi ouviu em toda a sua vida escolar que não existe mau professor para o bom aluno. É provável que, amalgamadas a essa afirmação recorrente, as fantasias de abandono da menina Noemi tenham produzido também a afirmação: "Não existe mau pai para o bom filho".

O suposto erro cometido como filha, que culminou com o abandono do pai, pôde, em fantasia, ser reparado na vida escolar. Seus professores foram seu pai substituto, assim como Dona Noemi, o de seus alunos. Essa foi a militância de Dona Noemi.

O abandono se perpetuou como um sentimento difuso em Vitória, que herdou desta trama uma mãe que, apesar de muito generosa, oferecia sua melhor parte para outras crianças e não para ela. Talvez daqui, fechando um círculo, tenha nascido a militância de Vitória.

4. Professor quer ser amado

Todas as entrevistas fizeram menção à valorização do professor do passado, expressa na quantidade de presentes recebidos em datas especiais, ou mesmo nas frutas, linguiças, frangos, bolos e doces ofertados ao longo do ano. O professor não precisava buscar a popularidade porque ela era dada, vinha junto com sua função.

No presente, a realidade é diferente, talvez oposta. Um dos objetivos de Vitória sempre foi a formação de um aluno capaz de reivindicar seus direitos, mesmo que isso lhe custasse, segundo ela mesma, certa impopularidade. Muitas foram as vezes que Vitória repetiu:

Eu não estou aqui pra ser popular. Se eu quisesse ser popular, eu ia ser a Xuxa.

Exigia a participação dos alunos em múltiplas atividades e sua avaliação parecia convidar ao estudo. Além disso, não se importava com as críticas de seus colegas.

Uma coisa que os meus alunos falavam muito é que eles morrem de estudar pra minha prova. Uma crítica que meus colegas faziam muito pra mim, é que eu vivia dando murro em ponta de faca.

Entretanto, esta atitude de aparentemente colocar seus objetivos educacionais acima de suas necessidades afetivas sempre aparece matizada por indícios de que o inverso é, se não mais verdadeiro, ao menos, complementar.

Exemplo disso são algumas passagens de seu depoimento. Em todas elas, a ênfase é de que seu trabalho acaba sendo reconhecido, mas não a tempo de ser compartilhado com o grupo classe.

Eu sempre fui professora valorizada, mas depois de não estar mais com eles.

E isso lhe rende um ressentimento que, quando diluído no discurso, aparece diretamente relacionado aos alunos, aos colegas e à própria escola.

Por sempre ajudar a organizar a formatura, eles nunca me escolheram (para paraninfa ou professora homenageada). Mas no ano em que eu fui embora, preparei toda a festa, mas mesmo assim eles me escolheram e a diretora deixou.

Ou:

Eu gosto mesmo é de dar aula, especialmente na 5ª série, porque a gente ainda é alguém na 5ª série.

Seu ressentimento ganha contornos tão fortes em algumas situações que coloca em risco os valores mais nobres para Vitória, como, por exemplo, o de democracia:

... apesar de ser essa pessoa procurada, nunca fui escolhida para conselheira de classe. Eu sempre perdia. Acho que é porque eu sou muito exigente e não fico tapando os olhinhos deles. No Cláudio Ribeiro, o sistema de escolha de professores era muito democrático, o que eu questiono, porque alguns professores ficavam com duas classes de conselheiros e um professor mais enérgico não era escolhido.

Quando o ressentimento se torna mais ameaçador, denunciando seus próprios aspectos destrutivos como, por exemplo, a inveja em relação aos colegas presentes no trecho acima, Vitória acaba interpretando algumas manifestações como a tentativa de destruição por parte de outro.

Houve, há algum tempo, uma propaganda do MEC, em que se dizia: "Se tem aula, tem que ter merenda", remetendo pais e alunos à fiscalização do uso da verba destinada a esse fim. Sobre ela, Vitória se refere da seguinte maneira:

... uma coisa que não tinha e que hoje tem, que a gente liga a televisão e tem propaganda contra professor, o governo fazendo a propaganda na televisão contra o professor. (...) a minha diretora foi vaiada um dia porque faltou água na escola e não deu para fazer merenda. Quando ela foi no pátio explicar que não tinha merenda (...), a molecada (...) vaiou a diretora. Isso me doeu muito e eu comecei a conversar com meus alunos para entender o porquê. Então, eles disseram: "Professora, na propaganda diz: 'tem que ter aula, tem que ter merenda'". É o cunho que o Estado está dando para as coisas.

Sobre a sala-ambiente, a referência também é ilustrativa:

Eu morro de tristeza porque me aposentei sem curtir uma sala-ambiente. Fui voto vencido na hora da escola optar ou não por ela. E eu acabei defendendo a posição dos meus colegas, porque, de repente, a sala-ambiente veio por pacote e o professor, tão resistente, ficou desconfiado. "Quem vai ficar responsável pela limpeza dessa sala? Nós, os professores?" Eu abri o olho também. Se o professor fica responsável pela sala, diminuiria mais ainda o número de serventes e a responsabilidade de tudo ficaria nas nossas costas. Sabe como é, houve um empenho muito grande por parte da Secretaria da Educação para a implantação da sala-ambiente. A gente está tão escaldado, que morre de medo do que está por trás das coisas. Afinal, não dá pra ficar dando uma de servente.

A eleição do Estado como seu maior rival pode ser explicada pela conjuntura política em que viveu, pois cursou a universidade em um período de efervescência político-cultural e de instauração da ditadura; deu aula em escolas da periferia de São Paulo ao lado de nomes bastante comprometidos com a educação popular. Entretanto, isso não basta para explicar tal dinâmica. Além das questões sociopolíticas, há uma combinação de questões internas que evita a atitude de odiar tanto quanto a situação de ser odiada.

Para quem teve como modelo na própria casa o professor que era reconhecido e abertamente premiado apenas pelo fato de ser professor, a distância entre o real e o imaginário é brutal e fonte de muito sofrimento. Mais uma vez, por mais que se esforce, Vitória não atingirá seu forte desejo de ser amada. E essa é uma de suas maiores frustrações.

O que acontece com Vitória, entretanto, não deve ser tomado, apenas, no plano individual. Aquilo que se expressa na história da relação entre mãe e filha é, em grande medida, compartilhado pela geração atual de professores que teve, como referência, esse mesmo professor reverenciado que Dona Noemi representa para Vitória. Aqueles que fizeram da escolha profissional, inconscientemente, um meio de alcançar a admiração e o afeto incondicionais, têm hoje, para além das dificuldades objetivas presentes no ambiente escolar, aquelas de natureza interna, subjetiva, relativas à negação da realização de uma expectativa.

Como visto anteriormente, diante desse tipo de processo, o sujeito pode vir a sentir-se fragilizado, muitas vezes ameaçado e atacado pelas instâncias pelas quais desejou ser protegido. Como consequência disso, é possível que lance mão de mecanismos mais imaturos de defesa, tais como a projeção e a identificação projetiva[7]. Ao fazê-lo, alivia temporariamente a angústia sentida pela suposta traição, mas a médio prazo incrementa o sofrimento, uma vez que vê retornar o conteúdo projetado na forma de ameaças e ataques ainda mais violentos. O desejo de ser amado, quando deslocado para a instituição, portanto, pode culminar com o acirramento das tensões no interior desta.

5. Alunos bons eram aqueles...

Os alunos do passado também são fonte de inveja neste jogo entre passado e presente. O imaginário social atribui aos alunos a responsabilidade pelo insucesso do ensino atual. "Os

---

7. "Projeção é um processo relativamente direto em que atribuímos nossos próprios estados afetivos a outros. (...) Em contraste, a identificação projetiva envolve uma cisão profunda, um desvencilhamento de partes não palatáveis do self através do depósito dessas partes *no interior* de uma outra pessoa — e não apenas *sobre* ela." (Clarke, 2002, p. 7)

alunos não são mais os mesmos". Esta é uma afirmação corrente entre os professores, mas, ainda que verdadeira, não é suficiente para justificar as dificuldades enfrentadas.

Dona Noemi, por exemplo, revela algumas dificuldades enfrentadas com alunos do passado que parecem pertencer, no plano imaginário, à situação presente. Relata que, em virtude do problema do filho, não apenas aprendeu a aceitar em suas salas as crianças consideradas difíceis, como também ganhou a fama e se tornou de fato a professora que invariavelmente assumia a classe com as crianças consideradas piores.

Lembra-se de ter enfrentado problemas com os casos de alunos que roubavam garrafas ou que levavam fotos de mulheres nuas para a escola. Faz diversas referências ao seu trabalho como uma árdua *construção de catedrais*. E fala com emoção:

> Eu tive um que, eu cheguei na classe, primeiro dia de aula. Lá no fundo tinha um menino. De repente um aluno falou: "Dona Noemi, o macaco tá acostumado a bater em professora". Eles passavam por escola, a professora não agüentava, mandava embora, expulsava, aí, eles iam para o Cláudio Ribeiro. Ele tinha uma cabeleira dessa altura. Eu, morrendo de medo aqui dentro, fiz igual arregaçar a manga. Eu falei: "Meu avô diz que não pode deixar para amanhã o que pode resolver hoje. Vamos resolver hoje". E fui pro lado dele, sabe? Mas quando eu fui caminhando, eu fui pedindo a Deus que me desse amor por aquele menino. Quando eu cheguei perto dele e pus a mão na sua cabeça, sabe aquele gatinho desmilingüir? Ele se derreteu, não me enfrentou. Eu não pus a mão pra agredir, eu pus com amor. Ficou meu amigo. Ele roubava garrafa da minha mãe, parou de roubar garrafa. Eu ia na feira, comprava coisa da banca dele, as coisas ruins, comprava pra prestigiar. Bom, aí, esse menino saiu da escola. Um dia eu vou lá no abrigo dos meninos, tinha uma prisão de criança. Eu chego lá, vi o Edson, me deu uma dor no coração. "Edson, o que cê tá fazendo aqui?" Ele abriu um sorriso: "dona Noemi, eu não tô preso, eu sou pedreiro, eu tô consertando o chão".

Dona Noemi parece ter procurado ser uma professora que interfere no destino de seus alunos, tal como seu pai fez ao se tornar um professor leigo que alfabetizava, tal como fizeram seus professores que ajudaram sua mãe a educá-la, tal como faz um pai idealizado cheio de ideal, que esconde o temor de uma filha culpada pelo abandono. Esforça-se para mostrar que, enquanto ensinava, promovia transformações profundas nas "almas" de seus alunos imperfeitos. Mas os alunos-problema existiam e já desafiavam suas certezas.

Os relatos de Dona Maria apresentam um certo traço lúdico. A realidade, além de não parecer muito complexa, evidencia-se como uma experiência divertida para ela, mesmo nas situações de tensão. É necessário indagar se foi assim no passado, se de fato enfrentava seu trabalho com a naturalidade com que o relata hoje. Suas entrevistas, porém, e as de suas colegas, parecem apontar para a ideia de que já apresentava essa característica no passado. O fato de ter vindo "de fora", trazendo um saber que lhe conferia autoridade — perante si e o grupo — pode ter contribuído para a leveza que transparece na execução de sua tarefa. Do ponto de vista de D. Filomena, no entanto, ter sido a esposa de um dono de cartório foi o que facilitou a vida de D. Maria, pois tinha garantido um poder aquisitivo que lhe permitia dispor de seu salário como bem lhe aprouvesse. A preocupação de Dona Maria, portanto, seria embelezar o que já existia, uma vez que se tornavam seus alunos aqueles considerados os melhores da escola. Queria que as crianças ouvissem o canto dos pássaros, que aprendessem brincando, que tivessem uma sala bem pintada e decorada. Dona Maria mostra seu trabalho como uma grande brincadeira de trenzinho; parece não ter tido problemas. Esforça-se para mostrar quanto se divertiu e divertiu suas crianças ideais no processo de ensinar. Entretanto, durante seu relato recorda-se de encontro recente que teve com um ex-aluno quando ele a fez lembrar-se dos "croques" que costumava aplicar-lhe. Talvez seu paraíso não tenha sido tão desprovido de desconforto. Se não para ela, ao menos para seus alunos.

Dona Filomena constrói seu relato mostrando o lado mais sombrio do ensino do passado; aquele que parece ter se perdido com o passar do tempo, ao ponto de fazer crer que nunca existiu. Ela jamais gostou de dar aulas, fez isso exclusivamente pelo salário do fim do mês, "martelou" dez vezes a mesma coisa para que a criança aprendesse e pudesse ser aprovada no fim do ano. Se comparados, o relato de Dona Maria tem uma coloração muito mais sedutora e pitoresca; o de Dona Noemi, um tom mais grave; o de Dona Filomena, algo entre o desprezo e a amargura.

É interessante notar o contraponto entre Dona Filomena e Dona Maria. Esta última parece ter tido um vínculo afetivo muito grande com seus alunos, assim como demonstrou tê-lo na vida em geral, inclusive na situação de entrevista e com a entrevistadora, a qual acolheu incondicionalmente em diversas situações. Com Dona Filomena, o cenário é oposto. O que sobrou daqueles que foram seus alunos? Seus índices de aprovação. De sua vida em Candeias, nada que lhe trouxesse saudade. Da entrevista e da entrevistadora, nada que despertasse sua curiosidade. Entretanto, alguns aspectos parecem aproximá-las. Ambas tinham as classes "selecionadas"; ambas conseguiam a aprovação maciça dos alunos ao final do ano. A diferença parece residir na qualidade daquilo que era oferecido para os 'alunos selecionados' nas diferentes classes. E para além de tal 'diferença entre iguais', ainda há a diferença delimitada pela classificação destes considerados 'selecionados' e daqueles considerados 'os piores'. Sobre esses, nada sabemos pelas vozes de Dona Filomena e Dona Maria. Apenas pela de Dona Noemi.

Se elegesse uma palavra como distintiva de cada uma das entrevistas, diria que a de Dona Noemi é doação, a de Dona Maria, vocação, e de Dona Filomena, obrigação. Esses distintivos, contudo, não excluem do cenário o aluno com dificuldades, que desestabiliza o trabalho do professor. A diferença entre passado e presente reside no fato de que os efeitos da presença desse aluno na escola atual são muito mais acentuados. Não necessariamente por serem os alunos mais desagregadores, mais perversos que os do passado. Mas também por fazerem parte de uma instituição mais tensa e, portanto, mais frágil. Não por acaso a palavra de ordem de Vitória é resistência, termo que reflete o quanto o professor atual sente-se ameaçado.

Mas Vitória é um tanto ambígua quanto a isso, pois ao identificar-se com seus alunos na condição de filho/criança, retira deles este caráter ameaçador para depositá-lo em esferas mais distantes. A inveja de Vitória em relação aos alunos tem como base de sustentação a relação triangular mãe/filha/alunos de sua mãe e, portanto, aparece muitas vezes como ciúme. Se muitas vezes tende a creditar aos alunos a responsabilidade pelas dificuldades enfrentadas, imediatamente reorganiza seu discurso de modo a responsabilizar instâncias menos identificadas com ela mesma. Em certa medida, é esse mecanismo que afasta Vitória da afirmação corrente de que os responsáveis pelo fracasso da escola são os alunos.

6. Com essas condições não dá para fazer um bom trabalho

Qual a tarefa do professor? Sempre que ameaçado, este responde a esta pergunta com a seguinte afirmação: "eu estou na escola para dar aula!". Rejeita, mesmo quando as executa, outras atividades que extrapolam aquilo que julga ser o que o define. Entretanto, estas outras tarefas, que poderiam ser consideradas impróprias para o exercício da profissão, não apenas habitam a rotina do professor atual, como estiveram presentes nos relatos de Dona Noemi e Dona Maria. Procuravam piolho nas crianças, inspecionavam suas unhas, arrumavam a sala, mandavam fazer cortina, arrumavam dinheiro para tinta, pintavam a sala, compravam sopa e fingiam não ter fome para dá-la ao aluno que parecia faminto; faziam bazar para que as crianças pudessem comprar lembranças baratinhas nos dias das mães e, ainda, aproveitavam o calote dado pelos alunos para ensinar-lhes valores fundamentais como o de honestidade.

Todos estes "abusos" relativos ao exercício da profissão, entretanto, representavam, e ainda representam, no plano do imaginário, aquele professor que pode muito, que tem poderes quase ilimitados, que tem ascendência sobre a sociedade.

As tarefas dessa natureza praticadas atualmente não são diferentes; talvez nem sejam tantas. O que muda, efetivamente, é o valor que têm no imaginário de um professor ameaçado em seu Eu. Um professor que já não se vê como tal enxerga, nesses "desvios de função", o golpe fatal para a sua desmoralização, enquanto que Dona Maria e Dona Noemi enxergavam neles a realimentação de sua importância e autoridade.

É evidente que este aspecto deve ser relacionado ao conjunto do papel do professor; afinal ninguém se sentiu ou se sente professor apenas pintando as paredes da classe. A autoridade do professor não se sustenta apenas sobre estas bases. O que quero dizer é que a execução de tarefas não pertinentes ao ato de ensinar não pode ser a única responsável pela dissolução da ideia de professor, mas deve ser entendida mais como um catalisador de dificuldades que têm origem em outras esferas.

A questão é saber o que determina a diferença de enfoque que permite a uma geração sentir-se provedora, e à outra, desprovida: se é o tempo decorrido entre a experiência e o relato o que pode atenuar e harmonizar as lembranças; se é o processo de tensão e de desvalorização que desencadeou uma alteração nas defesas do professor em geral e, em especial no final da carreira; ou se se trata de uma dinâmica singular própria desses sujeitos, e que estaria expressa fosse qual fosse o contexto.

Entendo que estes três aspectos compõem o enredo entre passado e presente e também entre professores de uma mesma geração.

A escola real tem, com muitas de suas medidas ao longo do tempo, recolocado o professor no lugar de filho, isto é, exigido dele a utilização de defesas bastante infantis. Enquanto a história nos mostra professoras antigas que se sentiam mães dos alunos e lidavam com os pais deles como se fossem da família, os professores de hoje herdaram um processo bastante perverso que chegou até a introduzir a "tia" no lugar da professora. Além da progressiva desvalorização salarial, do aumento das exigências relacionadas ao trabalho, da baixa qualidade da formação profissional, da burocratização crescente em todas as instâncias educacionais, esse processo retirou do professor os principais instrumentos auxiliares que legitimavam sua autoridade, sem colocar nada no lugar. Ainda propiciou a construção de uma cultura infantil onde o professor faz uso de mecanismos de defesa bastante desintegrados, como uma criança sem ego suficiente para dar conta da ansiedade sentida.

O que existe, na realidade, é um grande paradoxo. O nome e a coisa não estão em uma relação direta, mas inversa. A professora foi sendo nomeada como "tia" justamente em um período em que foi perdendo a condição de alguém muito próximo, ou muito importante. Progressivamente, com as críticas direcionadas a esse tratamento, o nome "professora" foi sendo resgatado na medida inversa da força atribuída e sentida pela profissional. O lugar que essa passou a ocupar na relação com a família do aluno, ao contrário do que a recuperação do nome faz supor, foi a de filha. O processo de reconquista de um nome que ressalta o aspecto profissional foi acompanhado, perversamente, pela perda do lugar que ele deve ocupar. E esse é um processo enlouquecedor que traz uma mensagem dupla: a palavra afirma uma verdade que é negada na realidade vivida.

Ao ver negados na realidade os aspectos centrais da identidade profissional que são afirmados por meio das palavras, do discurso, o imaginário passa a construir outras ilusões. Estas tendem a ser tomadas como verdade com o intuito de resgatar a existência do que foi negado e de conferir alguma lógica às ações e sentimentos dos sujeitos. Aproveitando o exemplo da nomenclatura "tia" e "professor", pode-se dizer que ao resgatar o título de professor sem recuperar o seu valor profissional correspondente, o sujeito passa a viver a angústia de não entender o vazio que sente. Passa, então, a utilizar o mesmo mecanismo, fazendo uso de palavras que constroem uma ilusão com a qual preenche tal vazio, harmonizando o que vê, faz, pensa e sente.

Um bom exemplo são as atuais críticas às salas lotadas com mais de 40 alunos. No plano imaginário, este fato é considerado um dos aspectos fundamentais de desvalorização e deterioração do trabalho do professor, e apresentado como um dos argumentos frequentes na discussão sobre o fracasso da educação. Segundo se afirma, é um sério obstáculo à permanência dos alunos com mais dificuldades de aprendizagem, uma vez que impede o professor de dedicar mais tempo a cada aluno, individualmente. Em geral, tal contexto é contraposto a uma ideia de que no passado não era assim. Evidentemente, não se trata aqui de fazer uma defesa das salas lotadas, apenas de entender o sentido da contraposição passado/presente, uma vez que esta não se verifica exatamente como utilizada no discurso do professor atual.

Dona Maria, Dona Noemi e Dona Filomena, por exemplo, falam de uma rotina em que não havia vagas para todos os alunos na escola. Além do limite permitido por lei, de 45 crianças em uma classe de 1ª série, havia os ouvintes, que frequentavam a escola normalmente, totalizando, em média, 55, 58 crianças por sala, mas que passavam a constar da lista oficial de alunos apenas quando ocorria uma eventual desistência.

Esta informação dá margem, imediatamente, à ideia de que a evasão, especialmente entre os ouvintes, era alta. Ao ser indagada sobre o índice de desistência, Dona Maria recorreu a um diário de 1959, em que, além dos 45 matriculados, havia 8 ouvintes no início do ano. No mês de novembro, eram 45 alunos e 6 ouvintes. Os dois primeiros ouvintes da lista ocuparam os lugares dos matriculados desistentes. Menos de 4%. Mais de trinta anos depois, em meados da década de 1990, a Secretaria Estadual da Educação tinha como meta atingir a marca de 10% de evasão, pois o índice encontrava-se no patamar de 30 a 40%. Com medidas como recuperações de férias, classes de aceleração e promoções por ciclos, estes índices caíram, mas a evasão permaneceu como um grave problema a ser enfrentado, não abaixo dos 4% de 1959.

Se hoje a superlotação das salas é considerada uma das maiores dificuldades dos professores e uma das causas da evasão dos alunos, por que razão isso não era tão marcante há algum tempo? Será que a nostalgia da recordação diluiu a crueza deste dado? Ou a idealização do passado, feita por sujeitos do presente, é responsável por esta ilusão?

É evidente que o número de alunos por sala ganha colorações diferentes em virtude das diferenças entre as próprias crianças do passado e as do presente. Se indagado, nenhum professor esquecerá de alegar isso. Mas o que está em questão aqui é o fato de existir uma "verdade corrente" que faz com que haja a recordação de uma classe pouco numerosa do passado, o que parece ser, no mínimo, uma afirmação não condizente com a totalidade dos casos.

As discussões sobre as condições de trabalho dos professores não se restringem à superlotação das salas e aos desvios de função exigidos deles. Outros aspectos abordados referem-se à questão salarial e às condições de vida do professor. Também como parte do imaginário, a ideia de que o professor ganhava bem e hoje ganha mal deve ser analisada à luz dos depoimentos.

Em primeiro lugar, Dona Noemi, Dona Filomena e Dona Maria tinham o próprio salário em uma época em que as mulheres não tinham qualquer ocupação remunerada, nem mesmo acreditavam que sua força de trabalho pudesse ter algum valor.

Portanto, comparar uma família sem o rendimento da mulher com outra em que esta garantia parte da receita destinada ao seu sustento, permitia uma avaliação bastante positiva de seus ganhos. Isto se evidencia na fala de Dona Maria quando conta que muitas de suas colegas abandonaram a profissão após o casamento. Naquela época, deixar de trabalhar não trazia grandes conflitos para a mulher. Afinal, o lar era o seu ambiente "natural".

Além disso, algumas descrições feitas por Dona Maria e Dona Filomena a respeito das dificuldades enfrentadas na carreira — caronas em caminhões, cavalos, lamparinas, velas, quartos de pensões, escolas improvisadas em porões — demonstram a precariedade com que assumiam sua função e mostram algumas cisões entre o conteúdo difundido pelo imaginário social e a realidade enfrentada por elas.

Por fim, o salário propriamente dito aparece como uma outra questão fundamental para a compreensão de possíveis descompassos entre a realidade e o imaginário e, mais que isso, para a compreensão da eficiência do imaginário sobre a estruturação de novas verdades do sujeito.

Foi Dona Maria quem provocou uma ruptura na ideia corrente do bom salário do passado. Para ela, o salário era considerado bom porque não havia o mesmo volume de demanda por consumo como há atualmente. Mas esta ruptura apareceu de forma muito mais impactante no relato de Dona Filomena. Em sua entrevista, dá início a esse assunto confirmando a ideia corrente de um professor muito bem remunerado no passado, com dinheiro para comprar enxoval, para visitar os pais no fim do ano, entre outras coisas. Entretanto, entremeado por outros assuntos e outras histórias, Dona Filomena acaba se lembrando do caso de uma professora que fazia tricô na classe em vez de orientar seus alunos nas tarefas escolares. E a baixa remuneração destinada aos professores é apresentada por ela como justificativa para a atitude da colega.

O que se evidencia claramente aqui é que a questão salarial está a serviço de motivações diversas, fazendo frente aos conflitos presentes no processo de harmonização da história do sujeito. Dona Filomena afirma duas "verdades" incompatíveis em um único relato. A ideia do alto salário, defendida inicialmente, foi descartada assim que a miséria pôde justificar um deslize grave de uma professora, colega sua.

Assim também ocorre com Vitória. O salário e suas condições objetivas de vida estão amalgamadas às suas expectativas frustradas como pessoa e, sendo parte disso, como professora. Ganhar pouco significa, entre outras coisas, não alcançar sua mãe; ou encontrar uma justificativa por não ter conseguido estruturar uma vida pessoal que se descolasse dos vínculos com seus pais. Desta forma, percebe-se que o imaginário é capaz de solucionar parcela dos conflitos dos sujeitos e, ao mesmo tempo, obscurecer parte das passagens vividas por eles.

7. A relação escola — pais

Outro aspecto que deve ser analisado é a relação escola-pais. A imagem do professor e o impacto desta na relação com os pais constituem traço fundamental em se tratando de entender a escola. De um lado, o passado, com a professora-mãe-substituta; de outro, o presente, com a professora-profissional-da-educação. Nestes termos, a realidade parece favorecer a situação atual, uma vez que as transformações sociais parecem ter levado os professores àquilo que se espera deles: que tenham um lugar próprio, que não seja necessária a apropriação do papel de mãe para que ele se evidencie.

Entretanto, o professor de que se trata aqui não se define apenas nesse nível de realidade. É produto deste em interação com outros níveis. É necessário, por exemplo, que se indague o sentido da oposição professora-mãe *versus* professora-profissional no conjunto das relações que evidenciam o professor do passado como sendo provedor e o do presente, desprovido. A relação entre escola e família é determinada, portanto, pela conjugação desses fatores, sintetizados pela dinâmica interna do sujeito-professor. Falar do professor-profissional do presente sem mencionar que este profissional sente-se desprovido diante de suas tarefas, é, portanto, insuficiente. Ou seja, se há, atualmente, uma infantilização na postura deste professor, que em muitos momentos compete com o aluno, a relação escola-família deve também ser compreendida através desse aspecto.

A relação dos pais com a escola tem sido um tema bastante lembrado nos dias de hoje quando a temática refere-se aos obstáculos inerentes ao trabalho do professor. Reações muitas vezes parciais imputam à família toda a responsabilidade pelo fracasso dos filhos. Em outros casos, reações não menos questionáveis depositam na escola, mais especificamente na figura do professor, esta responsabilidade, isentando o grupo familiar.

Na realidade, o aluno exibe na escola aquilo que condensa através da participação em diversas esferas sociais. Escola e família são, portanto, apenas duas das instâncias de determinação do que a criança e o jovem são ou demonstram ser no interior da instituição escolar. Contudo, essas determinações não se dão apenas por um processo lógico e racional de apropriação das situações de socialização. Concretizam-se através de mecanismos afetivos subjetivos, e a existência destes na apropriação dos contextos escolar e familiar culmina em uma enorme representatividade afetiva dessas instituições na vida dos alunos. Por isso, é preciso que a investigação da relação dos pais junto à escola e vice-versa não ignore os processos psíquicos através dos quais essa representatividade ganha este ou aquele significado.

Por intermédio das entrevistas de Dona Maria, Dona Noemi, Dona Filomena e Vitória, percebe-se que tal significado tem tanto um caráter atemporal, caracterizado por mecanismos psíquicos mais gerais, quanto um caráter histórico-social, evidenciado nas diferenças entre passado e presente. O primeiro interage com aspectos de uma determinada sociedade materializada em um determinado tempo, dando contornos distintos a processos muitas vezes idênticos.

Quando indagadas sobre a participação dos pais na escola, as professoras do passado referem-se a uma situação bastante tranquila e confortável: pais que educavam seus filhos segundo rígidos princípios e valores morais; que davam ao professor total autonomia, até para castigar as crianças; que participavam de reuniões e comemorações e, fundamentalmente, que confiavam nos resultados de final de ano.

Porém, algumas ressalvas feitas no sentido de uma reorientação argumentativa delimitam e matizam melhor o universo aparentemente ideal. As classes de Dona Maria, como ela mesma diz, sempre foram formadas, em sua maioria, por alunos oriundos de um segmento social privilegiado. Isso se refletia no investimento de tempo e dinheiro realizado pelas mães: doações em dinheiro ou em material eram frequentes, o tempo livre das mães podia ser utilizado para promoções e confecções de cortinas. Por serem em número reduzido, os alunos pobres eram praticamente sustentados pelo restante da classe: material escolar, uniforme, tudo poderia ser conseguido com as mães de crianças mais ricas. Além disso, ainda havia a Caixa Escolar, quando necessário. Para Dona Maria tudo se resolvia por meio de um simples pedido, sem qualquer entrave.

As lembranças de Dona Noemi e Dona Filomena, também positivas, são um pouco mais modestas. Além disso, são elas que relativizam a participação dos pais: desde aqueles tempos, isso se restringia à mãe. Dona Noemi enfrentava situações mais difíceis. Lembra-se da dificuldade em conseguir falar com alguns pais ou mães de crianças consideradas problemas, tal como se queixam os professores de hoje.

(De alguns alunos) nunca vi pai nem mãe. Esses, os pais não vão porque têm medo. Eles não querem ajudar, eles fogem. Acho que eles se sentem incapazes de uma mudança.

Dona Filomena afirma que muitos pais não acompanhavam o trabalho realizado, exceto para o conhecimento dos resultados finais. É de Dona Filomena também a lembrança de pais que reclamavam ou por uma nota baixa nas redações ou simplesmente pelo direito de reclamar que julgavam ter as mães de crianças mais abastadas.

Apesar dos enfoques diferentes na relação com os pais de alunos, o ponto comum nos três relatos é a confiança que os pais depositavam nas professoras.

Entre as professoras do passado, apesar das nuanças nitidamente relacionadas às diferenças de classe social, há certa compreensão comum de que era fácil trabalhar com as famílias. As atitudes dos professores eram invariavelmente reafirmadas mesmo quando isso implicava castigos físicos para as crianças.

Dona Maria ri ao se lembrar de Célia, mãe de ex-alunos seus:

A Célia é desse tipo de mãe: "Maria, você esgana aí que eu esgano aqui". Era diferente.

Dona Noemi muitas vezes ouviu dos pais:

"a senhora pode puxar a orelha, mas pode puxar a orelha do meu filho".

Os relatos de Dona Maria, de Dona Noemi e de Dona Filomena mostram pais que, como os alunos, reconheciam a autoridade do professor, o que se opõe frontalmente aos relatos de Vitória e ao que se escuta em voz corrente atualmente.

Para entender a dinâmica dessa diferença, acredito ser necessário recuperar alguns aspectos básicos diretamente relacionados à contribuição trazida pelos conceitos de Complexo de Édipo e de transferência.

Tornar-se pai ou mãe significa, entre outras coisas, reposicionar o lugar de filho que o sujeito, agora adulto, ocupou na infância. Significa também recuperar pai e mãe construídos internamente por esse filho. Isto é, esperar e ter um filho significa reviver a relação triangular e os afetos que nela circularam — ou seja, o Complexo de Édipo —, a partir de uma outra perspectiva que, apesar de nova, apresenta-se inegavelmente marcada pela anterior, vivida no passado.

Deste lugar de pai ou mãe, é construído um espaço inconsciente de estruturação do filho, que abarca fantasmas não expressos e que se traduz na espera do filho ideal. Um filho que seja capaz de superar as mazelas do triângulo edípico já vivido.

A família, por essa razão, representa uma unidade que cria uma complementaridade entre seus membros e, em certo grau, faz com que cada um deles viva alguns sentimentos através da experiência do outro. A vida emocional do filho ganha sentido, portanto, ainda que não completamente, através da trama edípica dos pais.

É a partir desse sentido original que os aspectos relacionais passam a ser introjetados. Os vínculos experienciados no início da vida, em interação com aspectos constitutivos do sujeito, são tomados, pelo bebê, como padrões que definem a natureza dos relacionamentos posteriores. Ao longo da vida, o sujeito tenderá, inconscientemente, nos novos relacionamentos, a reestabelecer os padrões do passado, ainda que estes não sejam propriamente satisfatórios.

Isso traz implicações importantes para o contexto escolar. A primeira diz respeito ao fato de que a qualidade dos relacionamentos posteriores, tais como a relação aluno-professor, será marcada, em grande medida, pela qualidade dos pais introjetados. O lugar ocupado pela professora corresponde à interação entre esta trama afetiva do aluno e o sentido de ser-professora existente nesta, ambos os elementos, como já dito anteriormente, marcados pelo momento histórico ao qual pertencem tais sujeitos.

A segunda implicação para o contexto escolar é a de que o significado que a escola tem para o aluno é em parte resultado de desejos e fantasmas que os pais, ainda na condição de filhos, construíram a respeito dessa instituição e que foram perpetuados através de seus filhos. O aluno, não apenas 'herda', em certo grau, a escola presente nas fantasias paternas, como também tende a divulgar para os pais as partes da escola do presente que condizem com as fantasias de ambos.

Esse elemento é crucial, dado que é com esse primeiro outro (os pais) que o professor deve se relacionar para garantir a melhor inserção do aluno na escola. Entretanto, é esse mesmo outro que, em muitos casos, contribui com seus próprios fantasmas para as dificuldades do aluno nesse processo de inserção. Longe de eximir a escola de sua participação na estruturação do sujeito-aluno e no significado dessa instituição para esse próprio processo, o que está sendo afirmado aqui é que um aluno com dificuldade de qualquer ordem, que necessite de uma integração pais-professores mais consistente, padecerá ao encontrar professores fragilizados diante de pais que também demandam algum tipo de ajuda.

Apesar do caráter atemporal dessa dinâmica, aspectos de natureza social, política e econômica têm papel relevante na constituição dessa fragilidade vivida por professores, pais e alunos. É evidente, por exemplo, que no passado a organização do mercado de trabalho e a estruturação do grupo familiar eram feitas em bases distintas das atuais. O próprio sistema educacional era reduzido, tendo um alcance junto à população mais pobre bastante limitado.

Outra situação também bastante ilustrativa e relevante é a relativa à condição da mulher, dado o importante papel da figura materna no contexto escolar. No passado, as mães, salvo raras exceções, como o caso das professoras, estavam à disposição das tarefas domésticas e da criação dos filhos. Como resultado, havia alguma disponibilidade para a formação e manutenção do vínculo com a escola. Diante dessa disponibilidade inicial e da imagem maternal conferida às professoras, também havia uma maior disponibilidade do professor em relação ao aluno e à família, o que retroalimentava a relação original e, por que não dizer, muitas vezes servia de modelo para ela.

A relação professor-pais citada por Dona Noemi, Dona Filomena e Dona Maria tinha êxito frequentemente porque a relação professor-aluno era pautada, da parte do professor, pela imagem de um aluno-filho. Não quero dizer com isso que a professora assumia a maternidade ou que em todas as ocasiões este papel era acompanhado de sentimentos ternos. Mas havia reservado a ela um lugar de objeto bom, capaz de ter a sua importância, tal como os pais, em situações diversas. Esse objeto bom permitia que a relação amor-ódio fosse razoavelmente integrada, uma vez que o objeto bom prevalecia sobre eventuais objetos maus.

Além disso, a ambivalência presente em qualquer relação não era incrementada pela ambivalência das mensagens do professor. Não apenas a natureza do lugar ocupado por ele era importante, mas, mais que isso, a clareza com que era definido. Esta é a ideia da importância de um "contrato" inconsciente. Por ser a relação professor-aluno mais integrada, tanto a família como a escola eram capazes de compartilhar os aspectos positivos dos objetos e aceitar os negativos sem grande apelo persecutório. Consequentemente, eram capazes de gratidão.

Os depoimentos de Dona Noemi e Dona Maria sobre suas vidas de professoras são um bom exemplo da capacidade de pais e professores reconhecerem a atuação uns dos outros.

Quando era Dia do Professor, quantas vezes as mães se uniam para fazer festa. (...) A última reunião do ano, os pais iam agradecidos, de expressão de consideração com a gente.

E o relato de Dona Noemi sobre sua vida de aluna ilustra esses argumentos em sua radicalidade. Ela aborda literalmente a importância da escola para sua mãe que havia sido abandonada pelo marido e que via na instituição e em seus professores a alternativa para suprir essa falta.

Minha mãe falava (para os professores): "Olha, eu quero que vocês me ajudem, meu marido não está." (...) Se a gente queixasse de um professor, ela mandava um doce pro professor. (...) A minha mãe dizia assim: "Você não tem razão, tem razão seu professor". Nem que a gente estivesse morta de razão, mas ela dava pro professor. (...) mandava perguntar "o que ele gosta? De que doce?".

Para Dona Filomena, que demonstra ter tido uma relação menos afetiva com as crianças, as lembranças sobre consideração e respeito dispensados pelos pais de alunos estão presentes. Mas de sua parte não parece ter havido tratamento semelhante. Ao explicitar consideração por alguns dos pais, o faz valorizando aqueles incapazes de enfrentamento, isto é, aqueles que, segundo ela, por serem mais humildes e pobres, aceitavam como pertinentes todas as atitudes do professor.

É verdade que as relações entre pais e professores vão sendo construídas em um momento histórico e, em certa medida, são determinadas por ele. Mas as diferenças existentes entre Dona Noemi e Dona Maria em relação à Dona Filomena, e ainda mais acentuadas se comparadas à Vitória, deixam claro que a história não pode ser o único determinante com caráter explicativo nestes casos.

No passado, a escola era para poucos e a vida era mediada por um número reduzido de estímulos e demandas, o que acabava por conferir maior espaço e visibilidade para cada um deles. As expectativas do professor e da família eram mais facilmente alcançadas, através da evidente colaboração mútua. Afinal, a vida do jovem pertencia à família, à escola e à igreja. O professor, à semelhança dos pais, sentia que sua responsabilidade era grande e sentia dar conta dela. Ainda assim, tal processo encontrou ecos diferentes em cada uma das professoras, determinados também por seus aspectos internos.

Atualmente, a situação é dramática para o professor, bem como para a família. Ele procura se ver como aquele capaz de operar mudanças significativas em seus alunos, mas raramente alcança êxito nessa empreitada; sente, como falavam alguns dos colegas de Vitória, estar *dando murro em ponta de faca*. Isso se explica por dois aspectos básicos. O primeiro refere-se à situação bastante desfavorável por que passam as famílias, o que desencadeia mecanismos projetivos dos impulsos destrutivos com a consequente destinação de sentimentos hostis para objetos externos, como, por exemplo, a escola e seus membros. O segundo, não em ordem de importância, recupera a ideia do professor desprovido que disputa com diversos novos estímulos o lugar de formador do aluno e, ainda mais relevante, disputa com o próprio aluno o papel de filho.

Por essa razão, não constitui objeto bom o suficiente para construir uma relação produtiva com o aluno e, consequentemente, nem para enfrentar o que decorre da relação dos alunos com seus pais. Quando percebe que o jovem está sujeito a outras relações tão importantes quanto a estabelecida com ele, ou quando não vê respaldo da família para suas atitudes, o professor sente-se impotente e desvalorizado. Não relativiza o papel que a própria família tem hoje na formação do jovem, e lhe atribui a culpa pelos fracassos, considerando-se vítima dela também.

Estabelece-se assim um moto-contínuo que mantém cristalizado o conteúdo de desvalorização global que está presente no imaginário do professor.

8. Objetos da cultura: objetos de amor ou de ódio?

Um aspecto relevante presente nos relatos das professoras diz respeito aos objetos de consumo aos quais o professor atual não tem acesso devido à sua situação econômica. Em diversos trechos de suas entrevistas, Vitória afirma que não teria tido condições de adquirir os bens de que dispõe se tivesse se casado e tido filhos. Até que ponto a aquisição de bens de consumo traduz formas de inserção no mundo da cultura e do conhecimento? O que significa um professor não poder ter acesso a um aparelho de CD? Ou a um computador conectado à Internet? Além da necessidade de lazer, o que significa para um professor não poder viajar, nem ter contato com pessoas e patrimônios culturais distintos? Que significado assumem estas privações num mundo dominado pela tecnologia e regido pelos princípios da globalização? De produtos de consumo passa-se a tratar de um conjunto de produtos-produtores de cultura, instrumentos de trabalho do professor.

Indo um pouco além, não se pode deixar de analisar a relação existente entre esses produtos e as expectativas construídas sobre eles pelo professor, isto é, o caráter de bem afetivo. Importa que a reflexão leve em conta o que pesou na escolha da profissão para cada uma das professoras entrevistadas. O ser-professor tem um significado construído na história de vida de cada uma. Aquilo que imaginaram alcançar com a escolha desta e não de outra profissão é a referência de sucesso ou fracasso de um projeto pessoal. Quando Dona Maria afirma que não havia sonhos de consumo como os de hoje, ela dá a exata medida de avaliação de suas conquistas, não apenas materiais, na condição de professora. Quando Vitória fala do patrimônio de seus pais e da relação dos produtos que só foi capaz de adquirir por abrir mão de importantes aspectos da vida pessoal, sua medida também transcende o consumo e a cultura.

A avaliação que o professor faz de si como alguém bem ou mal sucedido também passa por seus ideais construídos ao longo da vida. É, portanto, de imaginário que se trata aqui. Não ter condições de adquirir um computador é um fracasso que incide tanto sobre as expectativas materiais quanto sobre as que falam estritamente do valor do professor. Quem pode ser considerado difusor da cultura sem este instrumento, nos dias de hoje? Quem pode cumprir esse papel sem acesso a livros ou DVDs?

Ministério da Educação e Secretaria de Educação já descobriram a resposta técnica para estas perguntas. Há propagandas oficiais divulgando que as escolas estão sendo equipadas com tudo o que pode significar acesso facilitado e enriquecido à cultura. Apesar de uma distribuição às vezes desigual, em termos mais gerais, a própria Vitória reconhece que sua escola recebeu esses equipamentos. Entretanto, o que está em jogo não é a existência deles. Se assim fosse, na escola de Vitória todos os problemas já estariam resolvidos. O que se percebe é uma situação bem mais complexa.

Na expectativa do professor, ele é quem deveria ter condições materiais para adquirir um equipamento que o tornasse ainda melhor no desempenho de seu papel. Isso traria a satisfação criada por um imaginário que assim exige. O equipamento simbolizaria o objetivo alcançado: trabalhar para ensinar e ser reconhecido financeiramente por isso. Deste reconhecimento nasceria a capacidade do professor retroalimentar sua posição de sujeito que se antecipa ao aluno na conquista do conhecimento e no acesso à cultura. Neste reconhecimento estaria parte do desejo de ser professor nascido em uma determinada pessoa e construído nas demandas familiares e sociais de um determinado tempo histórico.

Sobre o passado, Dona Noemi percebe este aspecto e o traduz da seguinte maneira:

> E você tinha que dar o máximo de informação para o aluno porque a grande maioria não comprava jornal, não tinha rádio. Você sentia responsabilidade porque você era o agente de educação, você tinha que oferecer todos os meios para ele aprender. (...) o

professor de verdade não só gosta de receber, mas gosta de dar, a gente pode receber, mas tem que dar. Então, tem que ensinar, tem que repartir. Tudo que eu via bonito, tudo que eu via, que eu achava que edificava, eu contava pros meus alunos. Eu aprendia a fazer uma coisa, chegava lá, ensinava pra eles.

Fica fácil então compreender a resistência, a raiva até com que o professor recebe os novos equipamentos na escola. Sente-se desvalorizado, preterido, ou perseguido por esse material, prova irrefutável de sua incompetência, tanto para adquiri-lo, quanto para manejá-lo. O equipamento não tem um valor simbólico construtivo; ao contrário, simboliza uma derrota para ele. Na sua rivalidade com o aluno-irmão, é o aluno quem tem tudo — tem merenda, material, caderno, lápis —; o professor, nada.

A presença dos materiais na escola não cumpre o mesmo papel que cumpriria caso o professor tivesse tido condições de adquiri-los ou se, no terreno do imaginário, o professor não interpretasse os recursos disponíveis como mais um ataque à sua identidade e autoridade entre tantos outros. Dentro da escola, o material não é dele e nem é dele a primazia sobre o conhecimento e a cultura. O conhecimento veiculado por meio dos novos equipamentos passa de aliado a ameaça; o governo, de provedor a inimigo; o aluno, de aprendiz a concorrente.

Com Dona Noemi e Dona Maria isso não acontece, pois os grandes "equipamentos" utilizados por elas eram as cartolinas para os cartazes, muitas vezes adquiridas com o próprio dinheiro. Com elas, a temática do professor desprovido não aparece, mas a daquele que, movido por sua vocação, é capaz de prover. O interessante é perceber como parece que elas assumiram, no papel de professoras, o lugar de "mães-substitutas" e Vitória, em muitas ocasiões sob a racionalização justificada como profissionalismo, aparece no papel de "filha-excluída".

As duas primeiras não hesitavam em usar o próprio dinheiro para resolver problemas de seus alunos. Dona Maria solucionou o problema de uma calça rasgada dando dinheiro para que o aluno enviasse uma carta destinada ao governador, na qual reclamava das carteiras velhas:

> Terminou a aula, eu dei o dinheiro, o envelope...

Dona Noemi lembra-se do aluno que queria comprar um presente para sua mãe no bazar da escola:

> quando chegou o Dia das Mães, fizemos um bazar e a Cleide pegou e falou assim: "o Hélio quer comprar um presente para a mãe dele; o que eu faço?". Como eu sabia que ele era um menino que não era muito confiável, falei: "muito caro, não. Mas vende pra ele. Se ele não pagar, eu te pago".

Mas Dona Filomena não compartilha desta generosidade com seus alunos, o que reafirma a ideia de que as diferenças encontradas entre as professoras entrevistadas são apenas parcialmente determinadas pelas questões sócio-históricas.

Esta é uma grande diferença entre as duas gerações: hoje o professor se vê desprovido de instrumentos do saber e do poder inerente a ele. Sem o seu instrumento básico de poder, restariam alguns objetos substitutos que fazem parte da escola há muito tempo: avaliar melhor ou pior os alunos, atribuir notas altas ou baixas, preparar aulas boas ou más, mantê-los ou não atentos, mantê-los na sala e/ou escola ou simplesmente expulsá-los. Mas, progressivamente, estes instrumentos têm perdido o seu valor e, como consequênia, o professor se vê sem nada, ameaçado e perseguido. Desprovido, vê-se na condição de filho indefeso. Nesta condição, não consegue fazer uso de sua única fonte básica de autoridade e defesa: sua maturidade.

9. Do que se nutre a metodologia

A questão da metodologia do ensino também ocupa um lugar na imbricada teia de relações estabelecidas na escola. Se comparadas a partir desta perspectiva, Dona Maria, Dona Noemi e Vitória têm argumentos muito semelhantes, tais como *lidar com o aluno em sua individualidade, partir do que a criança traz, aprender brincando, integrar os conteúdos, formar valores, formar o cidadão.*

Neste aspecto, é Dona Filomena que difere das outras revelando, mais uma vez, a impossibilidade de uniformização das explicações segundo apenas o critério de momento histórico vivido. Para ela, o trabalho básico era de repetição e correção de erros, de maneira incessante, para alunos de todas as camadas sociais.

O planejamento, parte indissociável da definição do ser-professor, também reflete aspectos importantes dos relatos de Dona Maria, Dona Filomena e Dona Noemi. Se elas afirmam que viviam para a escola, que respiravam escola o tempo todo, ou que se esqueciam de tudo em sala de aula, revelam também que este envolvimento nem sempre era traduzido em planejamento mais sistematizado e crítico de suas ações. O planejamento parecia servir mais à confecção de materiais que à reflexão, ou à reformulação do trabalho em função de avaliações realizadas por quem quer que fosse. Dona Noemi, não sem um certo pesar, conta que muitos planejamentos passavam de mão em mão para serem simplesmente copiados.

> Em grupo, vou falar uma verdade, o planejamento era, mas não era uma coisa que a gente tava sempre... mexendo. A bem da verdade, era meio assim, pró-forma, burocracia.

Dona Maria também revela a prática da cópia de planejamentos quando descreve o sucesso de seu planejamento de unidade:

> Depois do sucesso, meu trabalho foi reconhecido. Todas as professoras quiseram. Mas isso não significa que passei a fazer o

planejamento com as outras professoras... É até feio dizer, mas a verdade é que acharam fácil receber pronto em vez de fazer o diário.

Aqui também há um contraponto em relação ao que difunde o imaginário sobre o trabalho do professor. Por terem tido, inquestionavelmente, mais tempo para dedicar a seus planejamentos, os professores do passado parecem alimentar a ideia de que planejavam seus trabalhos rigorosamente. Mas segundo revelam Dona Maria e Dona Noemi, muitos preferiam recebê-los prontos, copiados de colegas que tinham mais autonomia e disposição. Dona Filomena, em um lapso de linguagem, deixa antever que era uma das que copiavam o planejamento de professoras mais jovens. Temos, assim, mais uma fissura entre a verdade do imaginário e a verdade destes relatos.

O que era considerado relevante entre elas era o semanário com a descrição das atividades de sala de aula. Mesmo para Dona Filomena o semanário era fundamental, pois servia aos seus superiores como instrumento de controle de seu trabalho. E como uma de suas preocupações básicas era fazer cumprir sua tarefa exemplarmente, mantinha seus cadernos em perfeita ordem, ainda que cópias dos de suas colegas.

Já Dona Noemi tem lembranças diferentes. Fala do período próximo à sua aposentadoria:

Eu preparei semanário, aula até a última semana, de 30 anos. Lá a gente tinha o semanário. Preparava as aulas por semana.

Vitória também se refere à indiferença dos colegas com relação ao planejamento, apesar de atribuir às dificuldades impostas pelo sistema educacional presente a responsabilidade sobre esta atitude dos professores.

Entretanto, o que muda, mas sem que esteja relacionado a uma geração ou outra, é o sentido do uso da metodologia nos diferentes casos. Ora pode ter o papel de atender os alunos em suas necessidades, sendo sentida por eles como produto da criatividade do professor, ora o de defender o professor contra o aprofundamento do vínculo com seus alunos, chegando, inclusive, a ser utilizada como forma de "vingança" contra eles.

Este amplo leque de significados não depende, exclusivamente, do domínio conceitual de propostas metodológicas, nem, tampouco, como dito acima, da geração a que pertence o professor. Não há também neste aspecto nem uma relação direta e exclusiva entre o domínio conceitual e a forma de desenvolvimento do trabalho, nem entre o período histórico e a metodologia utilizada. Não estou aqui negando a relevância da formação do professor, mas afirmando que ela pode estar a serviço de motivações inconscientes capazes de subtrair-lhe o que tem de melhor ou acrescentar-lhe algo positivo que intrinsecamente não possui.

É aqui que se pode retomar o paradoxo inicial que norteou este estudo e que trata basicamente da convivência entre afirmações como *a escola tradicional não é boa* e *a escola atual não é boa como a de antigamente.*

As recordações não formalmente atreladas à discussão sobre metodologia, quando interpretadas, trazem uma grande contribuição para o entendimento das opções metodológicas de uma professora ou de outra.

Dona Maria aborda sua metodologia como faz com todo o resto de seu depoimento: sempre privilegiando o pitoresco por meio de seus "deslizes" ou façanhas pedagógicas. Relata passagens em que pediu ossos de galinha para o estudo do corpo humano, ou em que viveu situação embaraçosa por desconhecer o coração de boi trazido pelo aluno ou, ainda, em que brincava de ser a locomotiva que permitia aos alunos-vagões uma viagem pelas estradas de ferro do estado e do país. O tom sedutor presente ao longo dos relatos aparece nas atividades que diz ter proporcionado aos alunos. Sua narrativa se constrói no exercício de manutenção da ideia de que fora sempre *prafrentex*.

Apesar de mãe de professora, como as colegas da mesma geração, sua filha não aparece no relato como continuidade de sua tarefa de ensinar. Mesmo que para a filha a opção profissional tenha tido este significado, Dona Maria encerra sua história de professora com a segunda aposentadoria, assumindo as próprias limitações decorrentes da idade. Não deve ter sido fácil aceitar este fato, especialmente tendo em casa uma sombra — materializada na profissão da filha — do que se foi. Mas as vivências de Dona Maria mais uma vez parecem ter sido suficientes para dar conta de sua história, até no processo de envelhecimento.

Dona Filomena também dá às poucas palavras que utilizou para falar de sua metodologia a mesma coloração que utiliza para o resto de seu relato. Primeiramente, a metodologia não tem qualquer relevância para ela ou seus alunos, exceto no que diz respeito à sua finalidade última de proporcionar a aprovação. É interessante notar que nem mesmo o aprendizado é algo valorizado por ela. Não por acaso, Dona Filomena diz ter sempre dado aulas para meninas. Segundo ela, sempre houve, por parte da escola, maior condescendência com relação à aprovação das garotas, uma vez que não utilizariam os conteúdos aprendidos lá em tarefas domésticas.

O pragmatismo de Dona Filomena se contentava com a aprovação de fim de ano, mesmo que não significasse grandes conquistas por parte de suas alunas. Sua metodologia só ganha sentido a partir deste seu perfil: *martelar*, repetir para entrar na cabeça, mesmo que às custas do sofrimento do aluno e de si própria. Do impacto dessa postura metodológica sobre seus alunos, Vitória é exemplo vivo. Não fosse a ajuda de uma tia, talvez não tivesse superado sua inibição frente a uma pessoa tão ameaçadora.

Para Dona Filomena, entretanto, o impacto parece ter sido o mesmo sentido com todas as outras situações descritas, isto é, quase nenhum. Enquanto Dona Noemi, através da reparação, procurou transformar seu sofrimento em energia para atenuar o sofrimento de seus alunos, Dona Filomena criou mecanismos de evitação de contato, ou, em algumas situações, mecanismos que proporcionaram a ela algum tipo de satisfação, através do sofrimento do outro.

É importante notar que, de alguma forma, essa satisfação é condenada pela própria Dona Filomena. Basta perceber em seu relato a necessidade constante de fazer referência à aprovação externa de suas atitudes. No episódio das notas baixas dadas por ela ao corrigir redações, a mãe, que em princípio reclamava, logo tornava-se favorável à sua sistemática; quanto aos castigos físicos, os pais os legitimavam em função da aprovação ao final do ano; e, por fim, a descrição dos castigos praticados por seus antigos professores, de natureza mais perversa que a dos praticados por ela, também acabavam por credenciar sua atitude violenta.

Apesar de formada no Caetano de Campos, segundo ela uma escola tão boa quanto a USP de hoje, não há nada em seu relato que possa servir de elemento mais consistente para a discussão metodológica. A aridez de seus vínculos contagia seu trabalho em sala de aula e, assim como pouco restou de sua história na cidade em que viveu por vários anos, pouco restou também de sua trajetória como professora.

Esta história que parece encerrar-se tão abruptamente quanto o rompimento de seus laços afetivos perpetua-se na vida de sua filha que, formando-se professora, vai atender justamente aos alunos não atendidos por sua mãe: prefere classes masculinas, gosta de alfabetizar, de *começar do zero*, enquanto Dona Filomena sempre preferiu trabalhar com meninas, já alfabetizadas, apenas para *martelar* as correções e fixar a ortografia.

Já as lembranças de Dona Noemi relativas a suas experiências metodológicas incidem muito mais sobre as próprias dificuldades em matemática do que nas dos alunos. De acordo com seu relato:

> eu detesto matemática, viu? Detesto. Eu acho que aquela história de 2+2 ter que dar 4... podia dar 5 ou dar 3, viu? O professor Alcides Guerra, que foi o professor de matemática, dava uma questão valendo 4, que era o mínimo, ele tinha muita consciência das diferenças individuais. Ele sabia que quem gostava das humanas não gostava das exatas e quem gostava de exatas não gostava das humanas, não é? Então, ele dava uma questão fácil, que era para a gente poder passar.

O relato aparenta uma gratidão pela compreensão demonstrada por um professor diante das diferenças individuais, que parece repetir a gratidão de sua mãe pelos professores que substituíram o pai ausente. Mas é interessante indagar quanto a se a suposta ajuda daquele seu professor não teve o sentido de reafirmar uma fantasia de incompetência, tal como a afirmação *não há mau professor para o bom aluno*, repetida por sua mãe, pode ter reafirmado a fantasia de ter sido Noemi uma filha má e, por esta razão, abandonada pelo pai.

É possível que haja um grande ressentimento por parte de Dona Noemi pelo fato de lhe terem sido negados o saber e o pai. Esta hipótese é reforçada por outras passagens de seu depoimento em que afirma que encarava o ensino de matemática preparando as aulas desta disciplina com muito mais afinco do que as das outras e reservando o melhor horário do dia para apresentá-la para os alunos.

Outro fato interessante é o de sua filha, também professora, ter "herdado" a dificuldade da mãe. E ao citar as orientações pedagógicas feitas pelos diretores em seu tempo de professora, o ensino da matemática foi o lembrado. Um último aspecto, que compõe um cenário bastante complexo, deve ser acrescentado: o de Dona Noemi ter se lembrado de uma ex-aluna que veio a tornar-se professora de matemática na universidade.

Há, nos depoimentos, o produto do que, ao longo do tempo, se passou com seu ressentimento: foi negado, através do empenho redobrado com o planejamento das aulas, com as orientações pedagógicas e com os alunos; mas ao mesmo tempo perpetuou-se sob a forma de dificuldade herdada pela filha. O empenho ao qual se refere não foi suficiente para aplacar a ideia de incompetência gerada ou reafirmada por seu antigo professor, e a incerteza quanto à prevalência da gratidão sobre o ressentimento aparece ainda hoje quando Dona Noemi aponta, como resultado desta luta, uma ex-aluna sua que foi capaz de se tornar professora de matemática.

Não apenas por se tratar de uma professora, mas principalmente por se tratar de uma professora da universidade que, apesar de simbolizar para Dona Noemi a vitória da gratidão, pode simbolizar também a presença do ressentimento deslocado para a relação comigo, que a entrevistei e permiti o afloramento de questões tão delicadas para ela. Como se dissesse: "você pensa que o professor de matemática foi capaz de me destruir, que eu sou tão ruim assim? Consegui fazer com que meus alunos chegassem no mesmo lugar que você!". De certa forma, é a mesma dinâmica apontada no professor que se sente desprovido. E, neste caso, se se recupera a fala de Vitória quanto ao meu papel de pesquisadora da universidade, percebe-se uma grande complementaridade entre passado e presente, mãe e filha.

Quando indagada sobre sua metodologia de ensino, sobre seus objetivos no trabalho, Vitória procurou mostrar quanto pretendia ensinar aos alunos a lógica da resistência. Diz ela que

> ... o objetivo maior que eu consegui (...) e despertar o aluno pro direito que ele tem de exercer a cidadania dele. (...) eu escolhi

ser professora de História também por isso, né, porque eu presenciei uma época difícil, e eu queria que o meu Brasil fosse diferente; eu queria que alunos meus não votassem por cabresto. (...) Eu acho que eu consegui passar também pra eles que Educação é direito de todos. (...) Eu consegui passar isso pra eles: que ser professor, apesar de muitas dificuldades, é muito gratificante.

Vitória falou de seu trabalho com letras de músicas e me mostrou o livro didático com que trabalhou no último ano. O interessante foi notar que, ao entregar o livro, ressaltou sua qualidade a partir da pessoa do autor e sua trajetória como um metalúrgico que não teve acesso privilegiado à escola. A metodologia a serviço da resistência já abordada aqui.

Então, de que se nutre a metodologia? Evidentemente, da produção acadêmica, do processo de formação docente, da estrutura da escola e das políticas educacionais delineadas em um determinado momento histórico. Mas além disso, nutre-se também da dinâmica entre amor e ódio, inveja e gratidão presente nos sujeitos que a concretizam e lhe emprestam a alma. É plenamente aceita a ideia de que a metodologia deve estar a serviço do aluno — de suas necessidades, individualidades, idiossincrasias. Não se discute, porém, quanto ela costuma estar a serviço do professor, ao ocupar um lugar no processo de harmonização das histórias deste sujeito também portador de necessidades, individualidades, idiossincrasias.

A harmonização tem relação evidente com a sua formação profissional e com os processos políticos e históricos por que passou e uma relação não tão evidente com os processos internos vividos pelo professor. Estes processos internos, contudo, não são perfeitamente eficientes na construção da harmonização. Haverá sempre um canal por onde os aspectos não elaborados denunciam a própria existência. Se olhado com atenção, o sentimento de impotência evidente nos relatos sobre a escola do presente pode explicar alguns aspectos da discussão metodológica atual.

O professor, que define a escola a partir de uma fala exterior, em que o culpado pelos pontos negativos da instituição é sempre um outro distante, acaba por disseminar suas dificuldades pelas instâncias às quais não pertence diretamente. Ou seja, por deslocamento, isenta-se da ansiedade de conviver com os aspectos mais destrutivos perto de si. Mas sobra para o professor a realidade que denuncia sua participação no jogo. A partir da certeza de que seus problemas são criados pelos outros, o mal-estar oriundo do contato com o real se dissolve em uma construção racionalizada: a de que suas dificuldades têm origem em um despreparo intelectual para lidar com alunos os quais já não são mais aqueles do passado.

Na melhor das hipóteses, o professor acredita que a superação de suas dificuldades depende exclusivamente de um saber fazer mais atual e ainda não dominado. Mais uma vez, está presente a imposição de um imaginário social que deposita na competência as esperanças de superação de todas as dificuldades e elege o domínio da metodologia de ensino como o caminho mais seguro para alcançá-la.

Se as questões essenciais e inconscientes passam a ser veiculadas através destas questões metodológicas racionalizadas, toda tentativa de resposta é, de antemão, insuficiente, pois jamais alcançará seu núcleo real. Daí a busca incansável por novas metodologias, novas técnicas. Quando se procura pela coisa errada, a satisfação em encontrar o que é procurado é passageira, ilusória. É isso que se vê em larga escala hoje na escola. Uma metodologia nova não dura sequer o tempo necessário para o professor conhecê-la. Todas são insatisfatórias de antemão; todas estão condenadas ao fracasso. E a discussão metodológica propriamente dita padece por não encontrar eco consistente e mais duradouro que permita seu aprofundamento e avaliação.

A tendência atual na formação de professores também parece funcionar neste roteiro. Vários nomes dados no passado recente para este processo foram sumariamente descartados:

reciclagem, porque "o que se recicla é lixo"; capacitação, porque parece denunciar que o professor é incapacitado; treinamento, porque "o que se treina é bicho". A palavra de ordem hoje é Educação Continuada, capaz de acompanhar as questões dos professores na medida em que surgem no seu fazer docente. Apesar de todos os méritos que esta nova abordagem possa ter, é interessante indagar sobre sua valorização neste momento histórico em que o professor se vê tão desprovido e, por essa razão, tão vulnerável aos mecanismos mais imaturos de defesa.

Se é verdade que o professor tem usado questões metodológicas infindáveis para, de maneira deslocada, perguntar sobre o destino de si mesmo, a Educação Continuada permite que aquela satisfação temporária e ilusória, de que falei acima, perdure por mais tempo. As respostas sobre como fazer, como proceder, direcionadas à sala de aula, não incidem sobre as questões originais, mas trazem esta ilusão. Portanto, a Educação Continuada prolonga a satisfação por repetição.

Mas isso não a condena. Ao contrário, se pensada à luz da própria psicanálise, o sujeito tem em seu entorno algumas chances de se deparar com suas questões centrais. Especialmente em momentos de crise, como este por que passa o professor, o contato com um outro, que não seja alguém igualmente marcado pelos desafetos presentes na escola, pode restabelecer o vínculo com o objeto bom e permitir uma visão mais abrangente daquilo que lhe causa ansiedade. A partir daí, a discussão metodológica pode recuperar seu valor mais genuíno.

10. Professor, passado e presente

É evidente que não se trata de atribuir todos os problemas da escola a questões inconscientes. Contudo, cabe ressaltar que o conteúdo dos relatos, quando interpretados a partir dessa perspectiva, ganha um significado novo e mais abrangente. Há uma lógica que se repete em vários domínios frequentemente abordados em discussões de cunho pedagógico, a qual não seria explicitada em uma análise que levasse em conta apenas a racionalidade dos discursos. Exemplo disso é a temática da autoridade do professor que permeia todas as falas abordadas até aqui. Fala-se muito na necessidade de recuperação da autoridade perdida e na relação autoridade-autoritarismo entre tantos outros aspectos. Mas é necessário que a esta discussão seja incorporado o processo de construção desse lugar de autoridade nos sujeitos. Do contrário, corre-se o risco de que se torne apenas mais um discurso a serviço das defesas criadas por nosso inconsciente.

Se, no passado, as professoras, além de sentir que era seu dever, sabiam acatar as decisões de diretores, delegados de ensino, entre outros, sabiam também que no que dissesse respeito ao âmbito de suas decisões, tudo estaria garantido. Havia um contrato mais claro, bem delimitado. Essa delimitação não era necessariamente formal, mas decorrente de uma coerência entre o que se esperava ser o papel do professor e as condições objetivas disponíveis para o seu exercício.

Não importa aqui, nesse âmbito de discussão, quão pertinente era o papel assumido no passado, ou se comparativamente ao presente era melhor ou pior. Importa que a não ambiguidade garantia a priori um sentido de adequação e pertinência. Hoje, ao contrário, a frustração na tentativa de corresponder ao imaginário que define tal papel gera um sentimento de inadequação e exterioridade, o que, por sua vez, desperta ódio. Esse, ora é direcionado para fora, sob forma de ataque destrutivo e invejoso, na tentativa de preservar o sujeito da ansiedade persecutória, ora para dentro, fazendo o sujeito atacar suas próprias capacidades.

Klein (1991) diz que o bebê, frustrado em sua expectativa de nutrição, faz ataques projetivos sob forma de ataques invejosos. Entretanto, quando a inveja é excessiva, o objeto invejado transforma-se em perseguidor, incrementando ainda mais a ansiedade. Isso se refere à primeira fase de desenvolvimento emocional, quando o ego é bastante rudimentar e incapaz de integrar sentimentos de amor e ódio sobre o mesmo objeto. Esta é a chamada posição esquizo-paranoide que contempla mecanismos que não são exclusivos da fase inicial da vida, caracterizando, por exemplo, os estados psicóticos. Sob tensão, mesmo sujeitos que superam eficazmente esta posição, conquistando um equilíbrio psíquico maduro, podem voltar a operar a partir dessas defesas mais primitivas.

E esse parece ser o mecanismo reinante hoje na escola. As esferas de poder e os alunos são vistos como objetos muito ameaçadores pelo professor, enquanto este se vê como muito frágil e vítima de perseguições as quais são, em alguma medida, seus próprios ataques projetivos. É evidente que não se trata aqui de dizer que Estado e alunos estão isentos de responsabilidade nesta dinâmica. Ao contrário, como diz Pichon-Rivière (1988), cada membro de um grupo se coloca em uma certa gama de disponibilidades para assumir alguns papéis. O papel assumido pelo sujeito dependerá das possibilidades dadas por ele e das demandas dos outros membros do grupo que exigirão mais um papel do que outro.

Cada um de nós aprendeu a ver a figura do professor dotada de grande autoridade em sala de aula: sempre foi ele quem autorizou ou proibiu desde uma simples ida ao banheiro, uma nova organização espacial das carteiras, até a aprovação ou retenção de um aluno em uma série.

O que se vê atualmente está longe de ir ao encontro desta imagem. Se pode, por um lado, representar alguns avanços com relação aos abusos praticados por alguns professores do passado, não é possível ignorar, por outro, que a possibilidade de obtenção de prestígio e autoridade pode ter sido fundamental na escolha da profissão daqueles que vieram a se tornar professores. Basta observar uma criança brincando de escolinha que logo se percebe quanto a imagem dessa profissão ainda está impregnada destes aspectos. Para Postic (1993, p. 10),

(o sujeito, no caso, para o autor, o aluno) atribui um significado a uma situação pedagógica em relação à imagem que tem de si e em relação ao objetivo que persegue: afirmar-se pelo êxito escolar ou afirmar-se pessoalmente fora do âmbito escolar. A carga afetiva ligada a certas situações será tão mais importante (para o aluno) quanto elas mais perto chegarem dos valores deste (aluno).

Mas esta afirmação não diz respeito única e exclusivamente ao aluno. Muitos dos professores, por exemplo, devem sua escolha a uma necessidade interna de elaboração do papel de autoridade. E o que encontram no exercício profissional? Dona Noemi, Dona Filomena e Dona Maria têm experiências absolutamente distintas das de Vitória. Relata Dona Maria:

O programa era ditado pelo governo (...). Como você desse, o problema era seu (...). Você tinha que arrumar artifícios.

A autoridade hoje está baseada em quê? Esta é a pergunta básica que todos se fazem. Deveria estar baseada em uma relação na qual a confiança fosse chancelada pelo conhecimento e pela disponibilidade para compartilhá-lo. Entretanto, como já discutido, os professores não se veem mais como aquele que apresenta o conhecimento ao aluno e o orienta em seu caminho. Enquanto não encontram respostas, mais uma vez, veem os alunos como aqueles que materializam as relações desautorizadas em sala de aula e normatizadas pelas autoridades educacionais. Mais uma vez, aqueles que deveriam ser parceiros são vistos em geral como ameaças e na melhor das hipóteses, como iguais em fragilidade. Ainda segundo Postic (1993, p. 10),

> *Preservar a própria autonomia torna-se (...) preocupação primeira (...). Ele se coloca em posição defensiva para com o professor que ameaça invadir-lhe o Eu.*

Se Postic continua a falar sobre o aluno, com o professor não ocorre coisa diferente. Bastante presente entre professores, a expectativa de ser uma pessoa muito importante na formação do caráter do jovem, por exemplo, pode ser tematizada a partir da ameaça de invasão do Eu sentida por eles.

Trata-se de um imaginário ferido, de uma briga de vida ou morte. O professor, no plano inconsciente, recusa-se a enxergar o aluno que não corresponda a imagens idealizadas que tem dele; imagens, diga-se, alimentadas tanto social quanto internamente. Ao mesmo tempo, recusa-se a assumir um papel em que não atue segundo suas fantasias a respeito do papel do professor, fantasias criadas, ressalte-se, para responder a demandas sociais, preencher lacunas afetivas e permitir a construção de uma ideia de Eu.

Por esta razão, tudo o que acontece é interpretado pelo professor a partir desta rede imaginária: basta um aluno desafiar o professor em classe para que esta atitude seja entendida como um desrespeito, afinal, o professor pensa que é visto como um qualquer, pior que o próprio aluno. Um coordenador que procure passar alguma orientação será logo tachado como *capacho* da Delegacia de Ensino porque parece estar afirmando que o professor não sabe desempenhar sua tarefa em sala de aula. Se a família não frequenta as reuniões de pais ou não educa seu filho segundo as expectativas do professor, é sinal de que também não apoia o seu trabalho. Se uma sala de aula está lotada é porque os governantes querem desmoralizar ou impedir seu trabalho.

É evidente que há verdade no que vê o professor — as salas estão cheias, os pais estão mais ausentes etc. Entretanto, a verdade construída por ele é produto de uma suposta integração intencional entre estas afirmações. Ou seja, juntas, constituem um ambiente conspiratório. E isso é uma criação do professor.

Nas expectativas construídas por Vitória em sua relação com a escola em que estudou e trabalhou e com objetivos que pretendia alcançar, há muita coisa em comum entre passado e presente. Especialmente naquilo que denuncia que o sujeito está sempre a cumprir um destino como alguém localizado em uma teia de relações carregadas de afeto. Nisso, passado e presente são iguais. Por outro lado, passado e presente se distanciam quando neste último o professor vê negado, em todas as direções, o imaginário que o alimenta em sua profissão.

A ideia de deterioração de um Eu do professor passa tanto ou mais por essa esfera que por aquela que define externamente suas funções e tarefas. Se observado com cuidado, o que aparentemente se define pelo pedagógico está, na realidade, associado ao campo do imaginário. De uma certa forma, e ao contrário de Vitória, Dona Noemi, Dona Filomena e Dona Maria não impõem como referência aos seus relatos aquilo que esperam ser o meu conceito de bom professor. Elas simplesmente são e isto as torna absolutas. Vitória, ao contrário, ainda luta para provar o que é. É evidente que este aspecto deve ser relativizado pela diferença básica entre os relatos, que é o fator tempo. Uma lembrança que recupera passagens de trinta, quarenta anos atrás não se apresenta como as lembranças mais atuais: as defesas já deram conta de grande parte das angústias, já reorganizaram aquilo que, com Vitória, é reorganizado abertamente na recordação de fatos recentes. Vitória ainda padece das dores do ofício; Dona Filomena, Dona Noemi e Dona Maria, não.

Não apenas o passar do tempo é o responsável por esse processo de harmonização vivido pelas professoras do passado. Em sua época, a grande maioria das mulheres não trabalhava fora e não havia, portanto, muitos modelos em que se espelhar. Por isso, há que se perguntar como foi construído o ser-professor destas professoras. Em que se inspiraram? O que tinham disponível eram o papel de mãe e as exigências administrativas que divulgavam e regiam o certo e o errado na escola. Tanto a partir de um quanto de outro, a harmonização pôde se dar, pois socialmente não lhes foi negada nem a oportunidade de obediência para com as esferas de poder, nem a de maternagem para com seus alunos.

O que se pode afirmar é que as professoras antigas, ao longo de suas trajetórias profissionais, ocuparam o lugar que pretenderam ocupar. Pode-se deduzir que a harmonização tenha sido muito mais difícil nas gerações que, posteriormente, definiram seus papéis mediante a desconstrução daqueles tradicionalmente estabelecidos. Todavia, o que ocorre com a geração de Vitória é ainda mais perverso. O professor imaginário no qual inspirou sua escolha profissional não pôde ser 'realizado' ao longo de sua vida em razão das transformações que a profissão sofreu nesse período e em razão, também, da incompatibilidade entre o professor imaginário e o professor real. A mudança operada não foi deliberadamente assumida como projeto, como expectativa de constestação deste novo profissional. Assim, Vitória não pôde se aproximar nem do que sonhou ser, nem do que Dona Noemi, Dona Maria e Dona Filomena foram de fato.

Este conflito vivido pelo professor é, segundo Gaulejac (1997), uma das fontes do que ele chama de neurose social, caracterizada ou pela experiência de enfrentamento de situações sociais problemáticas e desprazerosas ou pela perda de posição social. Segundo o mesmo autor, a dimensão social do inconsciente fica evidenciada nestes últimos casos, quando há um choque do presente com os hábitos internalizados no passado e responsáveis pela noção de Eu existente no sujeito.

Trata-se, pois, do entrecruzamento do tempo histórico com o tempo do sujeito psíquico. Este é fruto de demandas sociais amalgamadas a demandas de natureza afetiva, especificamente aquelas responsáveis pelas dívidas acumuladas nos Complexos de Édipo de nossos ancestrais. A escolha profissional de Vitória, por exemplo, é resultado do que já se construía desde quando chorava ao ver sua mãe sair para lecionar e ela ficava em casa. Ou antes disso, quando sua mãe, ainda criança, dava aulas nas ocasiões em que seu pai, avô de Vitória, estava cansado ou doente. Não por acaso escolheu ser professora, ou não gosta justamente de matemática. Não por acaso também, as três professoras do passado têm filhas que se tornaram professoras. Dona Noemi conta:

Eu tirei licença-prêmio e eles fizeram ela (Vitória) pegar aula: "a mãe não agüenta, a filha tem que agüentar".

Dos desejos e sonhos de sua mãe e seu avô, articulados às condições e experiências de sua vida, foi sendo configurado um desejo próprio, carregado de expectativas e matizado por condições nem sempre condizentes com elas. Nesse roteiro, Vitória dá vida àquilo que foi se tornando seu. Nesse roteiro, que é da mesma natureza do de todos nós, passado e presente se aproximam e se afastam. As questões pedagógicas são unificadas às questões sociais e afetivas. Daí nasce a afirmação de Vitória que sintetiza suas conquistas e dificuldades enquanto professora e filha:

Eu me recusei a enterrar meus sonhos na escola em que eu aprendi a sonhar.

Considerações finais

A infantilização do professor, a busca desenfreada por novas metodologias de ensino, a dificuldade de relacionamento com os novos equipamentos existentes na escola, a desvalorização do profissional da educação são temas conhecidos pelos que se interessam pelo processo educativo.

Os sistemas explicativos encontram nas políticas educacionais e nos movimentos sociais grandes estruturas determinantes para a atuação dos professores. Bourdieu (1996, p. 81) afirma que:

> Tentar compreender uma vida como uma série única e, por si só, suficiente de acontecimentos sucessivos, (...) é quase tão absurdo quanto explicar um trajeto no metrô sem levar em conta a estrutura da rede...

Contudo, os sistemas explicativos não esgotam a dinâmica que se estabelece no sujeito que, em última análise, é quem concretiza a ação, ou o *trajeto do metrô*. Ainda assim, as tentativas de relação entre o sujeito e os determinantes sociais parecem dar ampla vantagem para estes, pois o *trajeto no metrô* só é pensado enquanto possibilidade restrita à estrutura rígida da *rede*.

Mas a importância das interfaces é tão grande que, para além das redes e estações, o trajeto do sujeito pode ser feito no plano do imaginário. Deste plano, ele harmoniza suas próprias demandas com as demandas externas, ou percorrendo trajetos não compartilhados como realidade objetiva, ou criando alternativas que possam vir a se tornar parte dela.

Desta forma, é fundamental que os temas sociais sejam pensados da perspectiva do impacto que criam nas estruturas psíquicas dos sujeitos; afinal, estes não vão reagir uniformemente às experiências, apesar de profundamente marcados por elas. Recorrendo a Morin (1990), pode-se dizer que os aspectos singulares de apropriação das experiências sociais têm tradicionalmente sido pouco considerados na construção da compreensão dos fenômenos sociais, privilegiando-se os aspectos mais gerais. Ainda segundo Morin, este é um erro que impede o conhecimento de partes do real que não se explicitam na observação do todo, mas que o determinam.

O amor e o ódio são alguns destes aspectos. Popularmente considerados como do domínio da religião ou da arte, estes sentimentos, assim como outros, não são considerados como determinantes da complexidade do real. No caso da Educação, esta negligência parece-me fatal, pois o fenômeno educativo só se concretiza através de vínculos entre pessoas, e estes, por sua vez, têm como fundamento básico a dinâmica entre amor e ódio.

Por ser a escola um ambiente de difusão de valores, de conhecimento científico e de cultura produzidos por um determinado grupo social, ela deve ser regida pela generosidade, que impulsiona o ato de compartilhar; pela criatividade, que permite encontrar formas adequadas para este compartilhamento; e pela capacidade de enfrentamento de conflitos, pois as diferenças, divergências e embates são explicitados por meio deles. Estas possibilidades ocorrem apenas se amor e ódio estiverem bem integrados. É evidente que a ênfase dada a estes aspectos não redunda em descrença em relação a outros determinantes do vínculo ou do processo educativo. Mas entendê-los, considerando-se a inter-relação de dinâmicas individuais e institucionais, pode contribuir para a compreensão de alguns dos problemas enfrentados por professores.

Como o pensar, o dizer e o ser não são coerentes *a priori*, todo sujeito busca a harmonização destes três domínios. Esse processo de harmonização se dá, por um lado, pela ação da ideologia, e, por outro, por um esforço do sujeito que abarca, até mesmo, aspectos inconscientes. Ouvir a narrativa destes sujeitos permite a identificação de vozes destoantes, de acordos psicológicos que acontecem no seio de processos históricos e relações de poder. Por esta razão, apenas através da interpretação foi possível encontrar um sentido mais pleno do dito, no confronto com aquilo que ficou como não dito.

É nesta dinâmica que a perda de prestígio do professor e de seus instrumentos auxiliares de autoridade (provas, advertências, expulsões, aprovações e reprovações, entre outros) é vivida também como perda da garantia prévia de amor dos alunos. E a partir da vivência de perda de amor, o professor interpreta algumas das funções periféricas que desenvolve (ou é chamado a desenvolver) na escola como expressão máxima ou prova concreta de sua desmoralização. Enquanto que, para o professor atual, cuidar da caderneta de vacinação do aluno tem representado a perda de sua identidade, no passado, atividades como procurar piolhos, limpar e cortar as unhas dos alunos representavam a reafirmação desta mesma identidade.

A geração do passado construiu uma noção de Eu-professora a partir de expectativas que foram se confirmando, expectativas que a colocavam no lugar de provedora de algumas faltas dos alunos: necessidade de aprender, de obter aprovação nos exames, de formar valores, de construir a ideia de nação, de respeito às leis, entre outras.

Na geração presente, o professor provedor cede lugar ao professor desprovido que compete com o aluno na tentativa de ter para si os parcos indicadores de atenção dispensados pelos pais, pelas políticas educacionais, pelos próprios pares e alunos.

O professor desprovido é também um professor ressentido, constantemente sob uma situação de tensão que o impele para atitudes imaturas e para a utilização de recursos psíquicos pouco integrados.

Um deles é a projeção do ódio para as instâncias em que vê sinalizadas suas próprias limitações: desde os alunos, pais, diretores e coordenadores, até instâncias de poder e de definição de políticas educacionais. Deste ódio ressentido, mal integrado, não surge, como seria de se esperar, uma atitude reivindicatória e construtiva. O professor se vê tão infantilizado, com tão poucos recursos, que não concretiza qualquer intenção combativa em ação. Ao contrário, atua[8] seu ódio, realimentando o imobilismo do qual se sente presa e a crença de que é um profissional sem valor algum.

Desta forma, vive em um vácuo criado pelas expectativas que construiu sobre o ser-professor, mantidas em grande parte por ilusões sobre o professor do passado, e as possibilidades presentes para um real vir a ser. Alimentado pela ideia de que as condições de vida eram infinitamente melhores, esquece-se do pioneirismo e das dificuldades enfrentadas pelas antigas professoras pegando caronas em caminhões de carvão, caminhando quilômetros e quilômetros a pé para chegar à escola, vivendo em locais isolados, em casas sem luz, com água de poço etc. As frequentes lembranças positivas ocupam o lugar vazio do sofrimento. As professoras do passado são vistas apenas como felizes representantes de uma época áurea. Nada de falta de vagas e escolas, nada de escolas construídas com o próprio empenho, nada de classes lotadas com 58 alunos em fase de alfabetização.

---

8. Segundo Freud, ato por meio do qual o sujeito, sob o domínio dos seus desejos e fantasias inconscientes, vive esses desejos e fantasias no presente com um sentimento de atualidade que é muito vivo na medida em que desconhece a sua origem e o seu caráter repetitivo. (Laplanche e Pontalis, 1992, p. 44)

Para o presente, sobram todas as mazelas. Equipamentos e materiais, elementos reivindicados para a melhoria do ensino, convertem-se em ataques para o professor do presente. E é aí que reside um dos aspectos centrais não explicados à luz de análises macroestruturais. Por que vídeo e televisão, tão solicitados, passam a significar ameaça ao papel do professor? Por que o computador, reivindicado como peça fundamental na educação atual, converte-se em instrumento de perseguição em sua dinâmica interna?

Estes bens de consumo, que para a escola podem ser considerados como bens culturais, estabelecem uma relação conflituosa com o professor porque são absorvidos por uma trama psíquica em que o ódio vem sendo projetado sem que possa ser integrado a sentimentos mais positivos. O ressentimento e o ódio, quando depositados em objetos externos, tendem a retornar sob forma de ataque e de perseguição. Por esta razão, objetos que poderiam ser recebidos como contribuição para o trabalho passam a ser considerados novas provas irrefutáveis de uma rede perversa que planeja a destruição e o aniquilamento do professor.

A dinâmica interna serve de suporte para a compreensão deste estado de coisas, uma vez que invariavelmente o sujeito passa por períodos de elaboração dos sentimentos de amor e ódio que sente pelos seus objetos primitivos. Ou seja, as questões sociais que dificultam o trabalho dos professores estão em interação com questões internas muito primitivas que imprimiram o sentido de falta no sujeito. Portanto, viver situações de falta na condição de um profissional implica a revivescência das situações de falta originais. As tensões presentes recuperam as formas de lidar com as tensões construídas na tenra infância, período em que as defesas são rudimentares em virtude de um ego ainda frágil.

Por esta razão, as respostas que damos às situações de vida atuais são, em parte, novas formas de atender às faltas originais.

Neste quadro é que se insere a discussão sobre a metodologia de ensino, objeto privilegiado de reivindicação dos professores, mas que não encontra eco suficiente para uma real apropriação de seus fundamentos e de sua prática.

Como é resultado de deslocamento, a ânsia por novas metodologias responde momentaneamente às necessidades do sujeito. Os aspectos inconscientes tornam-se os verdadeiros responsáveis pelo que é subtraído de positivo de qualquer abordagem metodológica; a finalidade original de atender às necessidades do aluno é substituída pelo atendimento de demandas inconscientes do professor. Ou seja, independentemente de tempo, de definições políticas que enfatizam determinada metodologia em detrimento de outra, o professor pode utilizar uma ou outra metodologia como instrumento de criatividade e generosidade ou como instrumento de vingança contra as ameaças sentidas; pode subtrair de boas metodologias seus aspectos positivos, esvaziando-as, assim como pode somar a elas suas contribuições, tornando produtivas mesmo aquelas abordagens já consideradas inadequadas.

No relato de Vitória, podemos perceber que a escola faz parte do roteiro de uma história pessoal que, através do imaginário, constrói uma ideia de bom professor impossível de ser alcançada, não apenas pelo fato de o professor ter perdido ao longo do tempo os instrumentos de autoridade do passado, mas também porque a cristalização do professor idealizado impediu a construção mais criativa desse papel.

Dona Maria, Dona Noemi, Dona Filomena e Vitória, através de suas histórias, permitiram a compreensão deste entrelaçamento entre condições objetivas e condições internas; o mergulho naquilo que se produz como sentimentos e movimentos únicos, ainda que compartilhados e, em certa medida generalizáveis, porque sociais e humanos.

Referências bibliográficas

ALONSO-GETA, P. M. P. El tiempo antropológico. In: FERMOSO, P. *El tiempo educativo y escolar*: estudio interdisciplinar. Barcelona: PPU, 1993. p. 34-73.

BACHELARD, G. *A formação do espírito científico*: contribuição para uma psicanálise do conhecimento. Rio de Janeiro: Contraponto, 1996. 316p.

BION, W. R. A linguagem e o esquizofrênico. In: KLEIN, M.; HEIMANN, P.; MONEY-KYRLE, R. E. (Orgs.). *Novas tendências na psicanálise*. Rio de Janeiro: Guanabara-Koogan, 1980. p. 231-52.

BOLLAS, C. *A sombra do objeto*: a psicanálise do conhecido não-pensado. Rio de Janeiro: Imago, 1992. 360p.

BOSI, E. *Memória e sociedade*: lembrança de velhos. São Paulo: T. A. Queiroz, 1983.

BOURDIEU, P. *Razões práticas*: sobre a teoria da ação. Campinas: Papirus, 1996. 224p.

CAÑAS, J. J.; BAJO, M. T. Memoria autobiográfica. In: RUÍZ-VARGAS, J. M. *Psicología de la memoria*. 2. ed. Madrid: Alianza, 1994. p. 369-82.

CASTORIADIS, C. *A instituição imaginária da sociedade*. Rio de Janeiro: Paz e Terra, 1982. 418p.

CHAUI, M. O que é ser educador hoje? da arte à ciência: a morte do educador. In: BRANDÃO, C. R. *O educador*: vida e morte. Rio de Janeiro: Graal, 1982. p. 51-70.

CHAUI, M. *Cultura e democracia*. São Paulo: Cortez, 1990. 220p.

CLARKE, S. Identificação projetiva: do ataque à empatia? Inglaterra: University of the West of England, 2002. (Mimeo.)

CÓRDOVA, R. de A. Imaginário social e educação: criação e autonomia. In: *Em aberto*. Brasília, v. 14, n. 61, p. 24-44, jan./mar. 1994.

DECCA, E. S. de. *O silêncio dos vencidos*. São Paulo: Brasiliense, 1981.

DI GIORGI, C. *Em busca da 'raison d'être' das contradições das propostas educacionais dos organismos internacionais*. Projeto de pesquisa, [s.l.; s.n.], 1995. (Mimeo.)

ELLUL, J. La culture de l'oubli. In: ZAVIALOFF, N.; JAFFARD, R.; BRENOT, P. *La mémoire*: le concept de mémoire. Paris: L'Harmattan, 1989. p. 148-55.

ENRIQUEZ, E. The clinical approach: genesis and development in Western Europe. *International Sociology*. Quebec, v. 12, n. 2, p. 151-64, 1997.

EURÍPIDES. *Medeia e As Bacantes*. São Paulo: Abril, 1976. 141p.

FARIA, M. C. *Anotações de aula*. Presidente Prudente: Unesp, 1997. 3p.

FREUD, S. La dinámica de la transferencia. In: _____. *Obras completas*. 4. ed. Madrid: Biblioteca Nueva, 1981. p. 1648-53.

_____. La iniciación del tratamiento. In: *Obras completas*. 4. ed. Madrid: Biblioteca Nueva, 1981. p. 1661-74.

_____. Recuerdo, repetición y elaboración. In: *Obras completas*. 4. ed. Madrid: Biblioteca Nueva, 1981. p. 1683-8.

_____. Observaciones sobre el 'amor de transferencia'. In: *Obras completas*. 4. ed. Madrid: Biblioteca Nueva, 1981. p. 1689-96.

_____. La transferencia. In: *Obras completas*. 4. ed. Madrid: Biblioteca Nueva, 1981. p. 2391-401.

_____. Varios tipos de caracter descubiertos en la labor analítica. In: *Obras completas*. 4. ed. Madrid: Biblioteca Nueva, 1981. p. 2413-28.

_____. Mas alla del principio del placer. In: *Obras completas*. 4ª ed. Madrid: Biblioteca Nueva, 1981. p. 2507-41.

FREUD, S. Psicologia de las masas y analisis del yo. In: *Obras completas*. 4. ed. Madrid: Biblioteca Nueva, 1981. p. 2563-610.

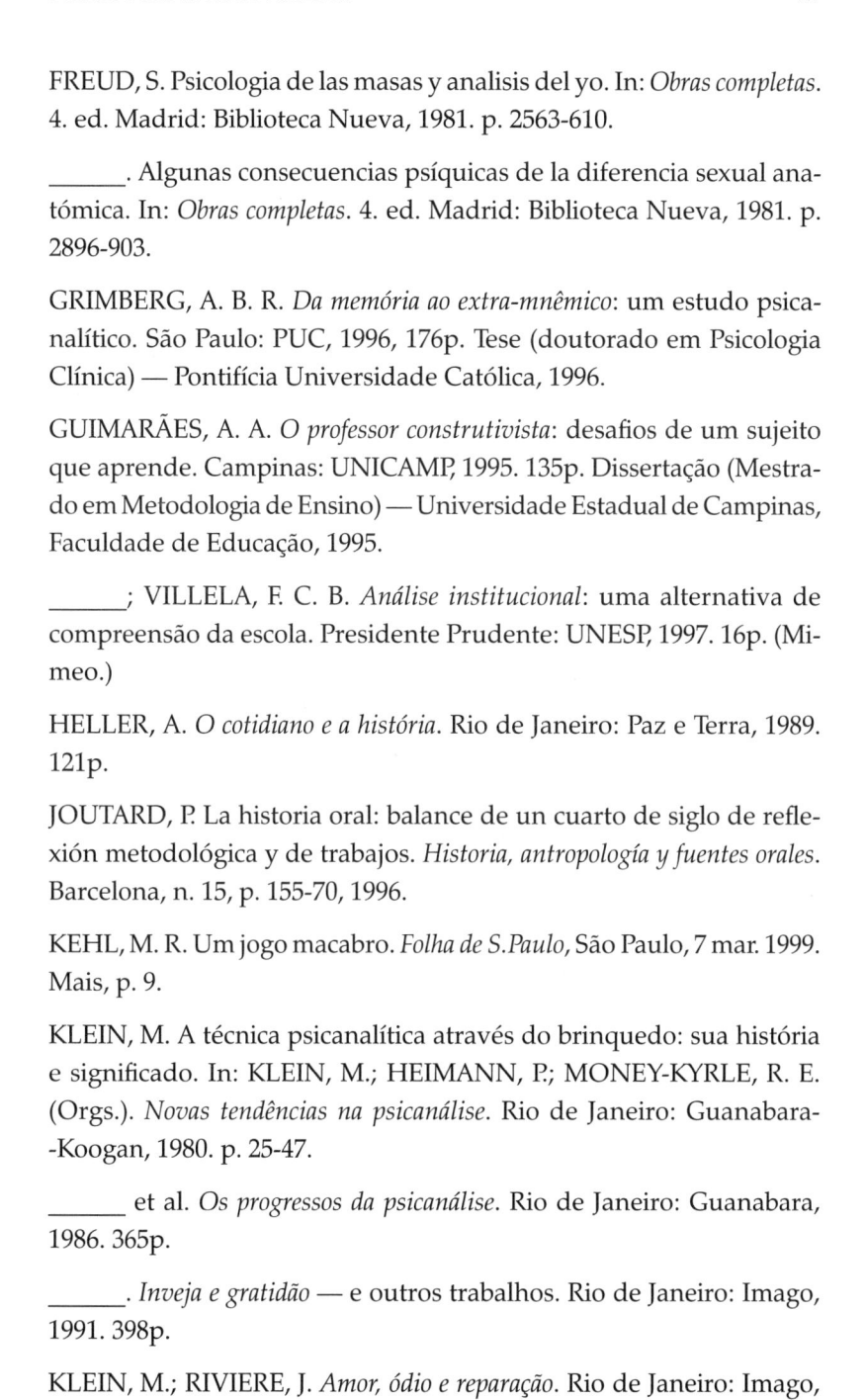

_____. Algunas consecuencias psíquicas de la diferencia sexual anatómica. In: *Obras completas*. 4. ed. Madrid: Biblioteca Nueva, 1981. p. 2896-903.

GRIMBERG, A. B. R. *Da memória ao extra-mnêmico*: um estudo psicanalítico. São Paulo: PUC, 1996, 176p. Tese (doutorado em Psicologia Clínica) — Pontifícia Universidade Católica, 1996.

GUIMARÃES, A. A. *O professor construtivista*: desafios de um sujeito que aprende. Campinas: UNICAMP, 1995. 135p. Dissertação (Mestrado em Metodologia de Ensino) — Universidade Estadual de Campinas, Faculdade de Educação, 1995.

_____; VILLELA, F. C. B. *Análise institucional*: uma alternativa de compreensão da escola. Presidente Prudente: UNESP, 1997. 16p. (Mimeo.)

HELLER, A. *O cotidiano e a história*. Rio de Janeiro: Paz e Terra, 1989. 121p.

JOUTARD, P. La historia oral: balance de un cuarto de siglo de reflexión metodológica y de trabajos. *Historia, antropología y fuentes orales*. Barcelona, n. 15, p. 155-70, 1996.

KEHL, M. R. Um jogo macabro. *Folha de S.Paulo*, São Paulo, 7 mar. 1999. Mais, p. 9.

KLEIN, M. A técnica psicanalítica através do brinquedo: sua história e significado. In: KLEIN, M.; HEIMANN, P.; MONEY-KYRLE, R. E. (Orgs.). *Novas tendências na psicanálise*. Rio de Janeiro: Guanabara--Koogan, 1980. p. 25-47.

_____ et al. *Os progressos da psicanálise*. Rio de Janeiro: Guanabara, 1986. 365p.

_____. *Inveja e gratidão* — e outros trabalhos. Rio de Janeiro: Imago, 1991. 398p.

KLEIN, M.; RIVIERE, J. *Amor, ódio e reparação*. Rio de Janeiro: Imago, 1975. 162p.

LACAN, J. *O seminário, Livro 17*: o avesso da psicanálise. Rio de Janeiro: Jorge Zahar, 1992. 209p.

_____. *O seminário, Livro 11*: os quatro conceitos fundamentais da psicanálise. Rio de Janeiro: Jorge Zahar, 1995. 269p.

LAPLANCHE, J.; PONTALIS. *Vocabulário de psicanálise*. São Paulo: Martins Fontes, 1992. 552p.

LECLERC-OLIVE, M. Les figures du temps biographique. *Cahiers internationaux de Sociologie*. Paris, v. 104, p. 97-120, 1998.

MALRIEU, P. Biographie et restructurations sociales. *La pensée*. Paris, n. 297, p. 81-6, 1994.

MEZAN, R. *Freud, pensador da cultura*. São Paulo: Brasiliense, 1985. 652p.

MORIN, Edgar. *Ciência com consciência*. Portugal: Europa-América, 1990. 263p.

MULDWORF, B. Biographie et subjectivité. *La pensée*. Paris, n. 297, p. 87-98, 1994.

NASIO, J. D. *A criança magnífica da psicanálise*: o conceito de sujeito e objeto na teoria de Jacques Lacan. Rio de Janeiro: Jorge Zahar, 1991. 155p.

_____. *Lições sobre os sete conceitos cruciais da psicanálise*. Rio de Janeiro: Jorge Zahar, 1991. 142p.

NOVOA, A. (Org.). *Vidas de professores*. Porto: Porto, 1995. 214p.

OGILVIE, B. *Lacan*: a formação do conceito de sujeito. Rio de Janeiro: Jorge Zahar, 1991. 135p.

PICHON-RIVIÈRE, E. *Processo grupal*. São Paulo: Martins Fontes, 1988. 181p.

PIMENTEL, L. N. *A educação no Colégio Professor Adolpho Arruda Mello*: contribuições para sua história. Presidente Prudente, 1996. 104p. (Monografia).

POSTIC, M. *O imaginário na relação pedagógica*. Rio de Janeiro: Jorge Zahar, 1993. 155p.

RHÉAUME, J. The project of Clinical Sociologie in Quebec. *International Sociology*. Quebec, v. 12, n. 2, 1997. p. 165-74.

SÉVIGNY, R. The clinical approach in the Social Sciences. *International Sociology*. Quebec, v. 12, n. 2, 1997. p. 135-50.

SILVA, E. T. da. *Professor de 1º grau*: identidade em jogo. Campinas: Papirus, 1995. 130p.

VILLELA, F. C. B. *Freud e o conhecimento*. São Paulo: PUC, 1995. 210p. Dissertação (Mestrado em Filosofia da Educação) — Pontifícia Universidade Católica, 1995.